»Ich bin ein Musikus«, schreibt der siebzehnjährige Mozart an den Vater. Das musikalische Genie war auch ein ausgezeichneter Briefeschreiber. Die erhaltene Korrespondenz ist mal mitreißend, mal ernsthaft oder scherzhaft-grotesk im Ton. Briefe von und an Mozart hat Peter Härtling ausgewählt, Briefe an die Eltern, die Schwester Nannerl und an die Cousine, das »Bäsle«, mit der Mozart eine heitere Freundschaft verband.
Ein kleiner Führer zu Mozarts Opern und eine Chronik zu Leben und Werk ergänzen den Band. Die Illustrationen von Hans Traxler bringen die Stationen von Mozarts Leben auf witzig-ironische Weise ins Bild.

insel taschenbuch 3323
Mozart für Kinder

Mozart für Kinder

Ich bin ein Musikus

Ausgewählt und erklärt
von Peter Härtling

Mit einem Opernführer
für Kinder
erzählt und gezeichnet
von Hans Traxler

Insel Verlag

insel taschenbuch 3323 · Erste Auflage 2008

Hinweise zu dieser Ausgabe am Schluß des Bandes
Vertrieb durch den Suhrkamp Taschenbuch Verlag
Umschlag nach Entwürfen von Willy Fleckhaus
Druck: Druckhaus Nomos, Sinzheim
Printed in Germany · ISBN 978-3-458-35023-1

1 2 3 4 5 6 – 13 12 11 10 09 08

Mozart für Kinder

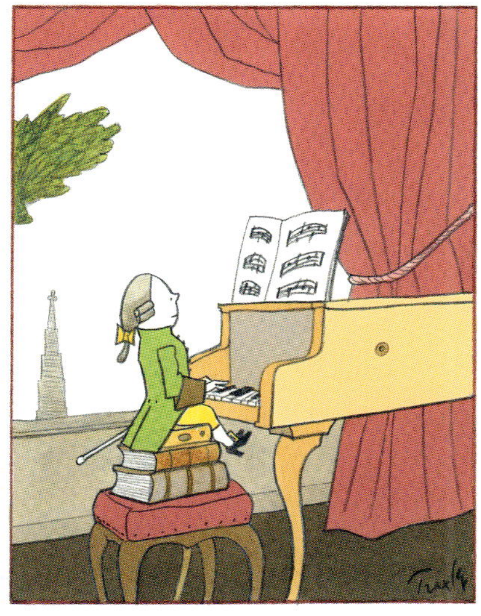

Liebe Kinder, liebe mitlesende Eltern,
Großeltern, Tanten und Onkel!

Eben höre ich die Es-Dur Sinfonie, die Wolfgang Amadeus Mozart mit acht Jahren komponierte, um mir Mut zu machen. Mut für dieses Vorwort und dieses Buch, denn das Kind Mozart, könnt Ihr mir glauben, hätte herzlich gelacht, wenn ihm ein solches Büchlein über sich in die Hände gefallen wäre. Ein Kind? Das bin ich nicht. Ich bin der Mozart! hätte er zur Antwort gegeben. Er war ein Wunderkind. Das stimmt. Ein Bub, der mit drei Jahren am Klavier saß und sich spielend Musik ausdachte. Ist das ein Wunderkind? frage ich Euch und mich. Nein, das ist ein Wunder. Und wenn mit dem Kind ein Wunder passiert ist, dann ist es nicht jung, nicht alt, sondern, um es noch einmal mit Nachdruck zu sagen: der Mozart. Beim Mozart handelt es sich nämlich nicht um ein bestimmtes Lebensalter. Er begann sein Leben schon mit der *ganzen* Begabung, die ein Mensch haben, und mit *allen* Erfahrungen, die ein Weltreisender sammeln kann. Mit sechs Jahren reiste er zum ersten Mal mit seinem Vater und der Schwester nach München und nach Wien, wo er, was Kindern in seinem Alter selten passierte, von der großen und gefürchteten Kaiserin Maria Theresia eingeladen wurde. Immer wieder konzertierte er zwischen Mailand und London, begleitet von den Eltern oder der Schwester. Und seine Mutter starb sogar auf einer dieser Reisen in Paris. So wurde allmählich aus dem Wunderkind ein berühmter junger Mann – in dem allerdings ein unglaubliches Kind steckte, eines, das mit Wonne rülpste und pupste, in seinen Briefen mit unerlaubten Wörtern spielte. Mozart spielte sein Leben lang gern, Karten und Billard, und er »bölzelte«: Er schoß im Zimmer mit einer speziellen

Flinte auf hübsch und frech bemalte spezielle Zielscheiben, auf denen unter anderem dicke Popos zu sehen waren.
Nein – ich will Euch den Mozart nicht madig machen. Ich liebe und bewundere ihn, und wenn ich jetzt sage, er hat *sich* madig gemacht, dann meine ich es ernst: Weil er so früh so weit war, hatte er es sich angewöhnt, sich zu schützen, wie ein freches Kind. Das lernt Ihr ausgiebig in den Briefen kennen, die ich in diesem Buch gesammelt habe. Er hat viele geschrieben, und er hat ungezählte Kompositionen veröffentlicht. Das ungezogene Kind war fleißig! Es hat uns mit lauter Wundern – so vollkommen ist seine Musik – beschenkt.

Ohne einige Erklärungen kommen die Briefe nicht aus. Sie wurden nämlich zu der Zeit geschrieben, als sich Briefschreiber noch nicht um die Rechtschreibung scherten.

Viel Vergnügen mit Mozart wünscht Euch

1751 30.7. Geburt Maria Anna Walburga Ignatia (»Nannerl«) Mozarts.

1756 27.1. Geburt Mozarts.
28.1. Taufe auf die Namen Joannes Chrysostomus Wolfgangus Theophilus.
Leopold Mozart: »Versuch einer gründlichen Violinschule«.

1761 1.9. Erstes öffentliches Auftreten Mozarts als Tänzer in einer Schulkomödie im Salzburger Theater.
Werke: Verschiedene kleine Klavierstücke (vom Vater notiert).
Haydn Kapellmeister bei Fürst Esterházy (bis 1790).

Im Januar 1762 geht's los, das große Reisen. Vater Leopold fährt mit den beiden Kindern in der Diligence (das ist die Postkutsche) nach München, besucht Verwandte, und am 12. Januar treten Wolfgang und Nannerl unter den strengen Blicken des Papas vor dem Kurfürsten Maximilian III. auf. Sie bekommen eine Menge Applaus. Von München aus machen sie einen Abstecher nach Wien, da die große Kaiserin Maria Theresia sie eingeladen hat. Ein paar Tage später konzertieren sie in der Schwetzinger Sommerresidenz des Kurfürsten Carl Theodor von der Pfalz und dürfen danach mit dem Vater einen Ausflug nach Heidelberg machen. So lernen die Kinder die Welt kennen. Über Mainz reisen sie nach Frankfurt. Die Stadt ist begierig, die Wunderkinder kennenzulernen. Vier Konzerte sind angesetzt. Bei dem ersten ist der vierzehnjährige Goethe dabei. Weiter geht's an den Rhein, nach Koblenz, Bonn und Köln, über Brüssel nach Paris. Jetzt wird die Umgebung prächtig. Am französischen Königshof in Versailles spielen die beiden, Bruder und Schwester, von Wolfgang komponierte Sonaten für Klavier und Violine. Zum Dank darf er an der königlichen Tafel speisen. Auf diese Weise lernte er Manieren – und darüber zu spotten! In Paris fand auch das erste öffentliche Konzert statt, und erstmals erschienen dort in Frankreich Werke von Mozart gedruckt. Da war er acht. Nach den Erfolgen in Paris setzen sie mit dem Schiff über nach London, werden am Königshof empfangen, und der Bub trifft sich mit Johann Christian Bach, dessen Sinfonien für ihn eine Zeitlang Vorbild sein werden. Mozart widmet der englischen Königin neu entstandene Violinsonaten. Mit dem Schiff geht es von Dover nach Calais. Die Anstrengungen der Reise setzen den Kindern zu. Vor dem Konzert in Den Haag erkrankt Nannerl, Wolfgang schließt sich ihr an. Bei ihm geht's ums Leben. Der reisende Vater hat noch nicht genug. Nach dem Konzert in

Holland wird noch einmal Frankreich besucht und danach die Schweiz. Sie treffen den Dichter Salomon Geßner in Zürich und geben in der Stadt zwei Konzerte. Zurück geht es über Winterthur, Schaffhausen, Donaueschingen, Ulm und Biberach, wo Wolfgang zu einem Orgelwettstreit antritt, nach München. Ein weiteres Mal hört Kurfürst Maximilian die Kinder, die froh sind, in Salzburg die Mama umarmen zu dürfen. Die Reise dauerte vom 5. Januar 1762 bis zum 29. November 1766. Das größte Erlebnis auf dieser langen, langen Reise war für Vater und Kinder das Konzert vor der Kaiserin Maria Theresia in Wien. Die große Frau war so entzückt von Wolfgang, daß sie ihm einen Anzug von Erzherzog Maximilian schenkte, der etwas jünger als Mozart war. Knabe und Geschenk sind auf einem Bild festgehalten, das man heute noch im Mozartmuseum in Salzburg anschauen kann. Das höfische Kostüm, lilafarben, ist mit breiten Goldborten besetzt. Wolfgang trägt einen Degen und steckt die linke Hand wie ein General in die Weste. Immerhin kann man sehen, womit er beschäftigt ist. Er stützt sich aufs Klavier.

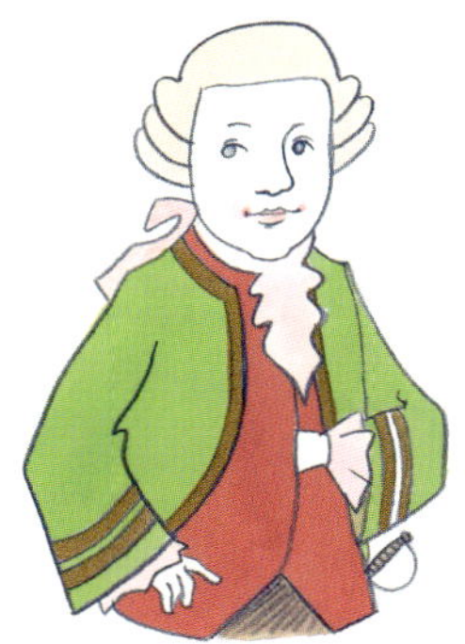

Mozart
mit 7 Jahren

1762 5.1. Constanze Weber wird geboren (Mozarts spätere Frau, gestorben 6.3.1842).
Januar: Reise Leopold Mozarts mit beiden Kindern nach München.
12.1. Auftritt vor Kurfürst Maximilian III. Joseph.
18.9. Reise nach Wien.
13. und 21.10. Audienzen bei Kaiserin Maria Theresia.
Ende Oktober: Erkrankung.
Anfang November: Private Konzerte in Wien.
Werke: Kleine Klavierstücke.

1763 5.1. Ankunft in Salzburg.
9.6. Reise nach München.
13.6. Empfang bei Kurfürst Maximilian III. Joseph.
28.6., 30.6. und 4.7. Konzerte in Augsburg.
6.7. Über Ulm, Ludwigsburg nach Schwetzingen (14. 7.).
18.7. Akademie in der Schwetzinger Sommerresidenz des Kurfürsten Karl Theodor von der Pfalz.
25.7. (?) Ausflug nach Heidelberg.
3.8. Mainz.
Ca. 10.-31.8. Frankfurt/Main.
18.8. Erstes von vier Konzerten, einem wohnt der 14jährige Goethe bei.
21.9. Konzert in Koblenz, Weiterfahrt über Bonn, Köln, Aachen.
7.11. Konzert in Brüssel.
18.11. Paris.
24.12. Am Hof in Versailles.
Werke: Klavierstücke; Sonaten für Klavier und Violine.

Friede zu Hubertusburg zwischen Österreich, Sachsen und Preußen; Österreich verliert Schlesien an Preußen.

1764 1.1. Mozart an der königlichen Tafel in Versailles.

10.3. Erstes öffentliches Konzert in Paris (9.4. zweites Konzert).

10.4. Abreise aus Paris, wo erstmals Werke Mozarts im Druck erschienen waren.

23.4. London.

27.4. und 19.5. Empfänge am Königshof, Begegnung mit J. Chr. Bach.

5.6. und 29.6. Konzerte.

25.10. Empfang bei Hof.

November: Mozart widmet der englischen Königin Violinsonaten.

Werke: Sonaten für Klavier und Violine (oder Flöte) und Violoncello.

1765 21.2. und 13.5. Öffentliche Konzerte in London.

Juli: Zeitungsankündigungen durch den Vater.

24.7. Abreise über Dover, Calais; in Lille Erkrankung; Antwerpen, Rotterdam.

10.9. Den Haag.

September: Zwei Konzerte; Erkrankung Nannerls.

Mitte November: Lebensgefährliche Erkrankung Wolfgangs.

Werke: Erste Sinfonien; Vokalwerke.

Tod Kaiser Franz I.

Joseph II. wird deutscher Kaiser und Mitregent Maria Theresias.

1766 22.1. Konzert in Den Haag.
29.1. und 26.2. Konzerte in Amsterdam.
11.3. Konzert vor Prinz Wilhelm V. von Oranien.
Anfang April: Orgelkonzert in Haarlem.
16.4. Konzert in Amsterdam.
21.4. Konzert in Utrecht.
10.5. Paris, 28.5. Versailles; Dijon, Lyon, Genf, Lausanne, Bern.
3.10. Konzert bei Salomon Geßner in Zürich.
7. und 9.10. Öffentliche Konzerte; Reise über Winterthur, Schaffhausen, Donaueschingen, Ulm, Biberach (Orgelwettstreit) nach München.
22.11. Konzert vor Kurfürst Maximilian III. Joseph.
29.11. Rückkehr nach Salzburg.
Werke: Klaviervariationen; Sonaten für Klavier und Violine; Vokalwerke.

1767 12.3. Uraufführung »Die Schuldigkeit des ersten Gebots«.
13.5. Uraufführung »Apollo et Hyacinthus«.
11.9. Reise der Familie über Lambach, Linz, Melk (Orgelvortrag) nach
15.9. Wien.
23.10. Abreise nach Brünn und Olmütz, um einer Pockenepidemie zu entgehen; Erkrankung beider Kinder.
24.12. Brünn.
Werke: »Die Schuldigkeit des ersten Gebots«, Geistliches Singspiel von Ignaz Anton Weiser; »Apollo et Hyacinthus«, Lateinische Schulkomödie; Klaviersonaten; Kirchensonaten (Datierung unsicher).

Die Entführung aus dem Serail

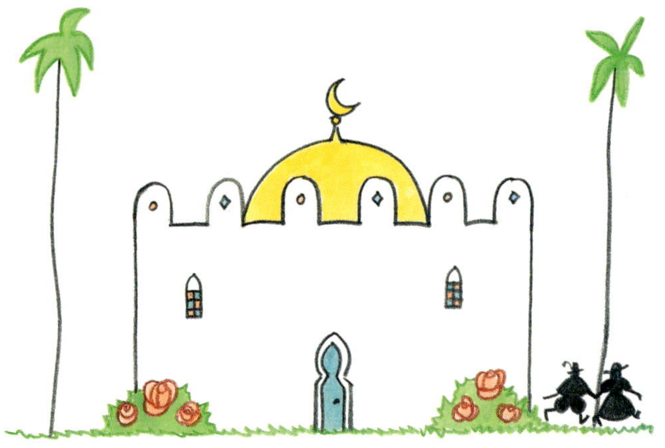

Oper in 3 Akten
Uraufführung 1782
(da war Mozart 26!)

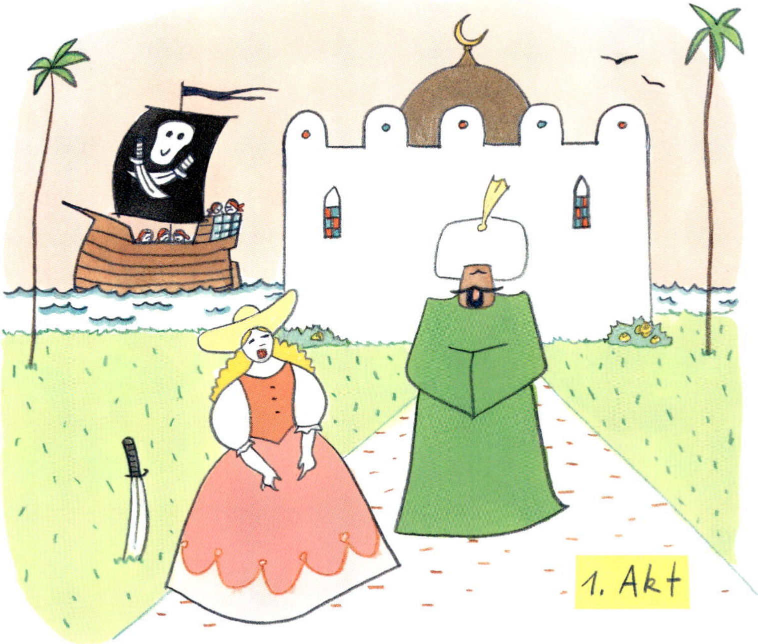

1. Akt

Die schöne Konstanze wird von Seeräubern geraubt und an den mächtigen Selim Bassa verkauft!

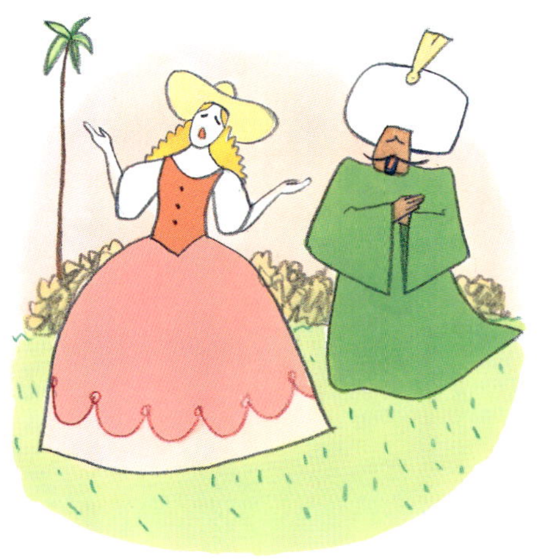

Sie findet ihn gar nicht sooo übel, aber sie ist nun mal ihrem Belmonte treu und singt dem Bassa vor, daß er sie auch nicht durch „Martern aller Art" rumkriegen würde.

Belmonte hat nach langem Umherirren den Serail* gefunden und läßt sich von seinem Diener, dem schlauen Pedrillo hineinschmuggeln, als angeblicher Architekt, aber das ist natürlich gelogen!

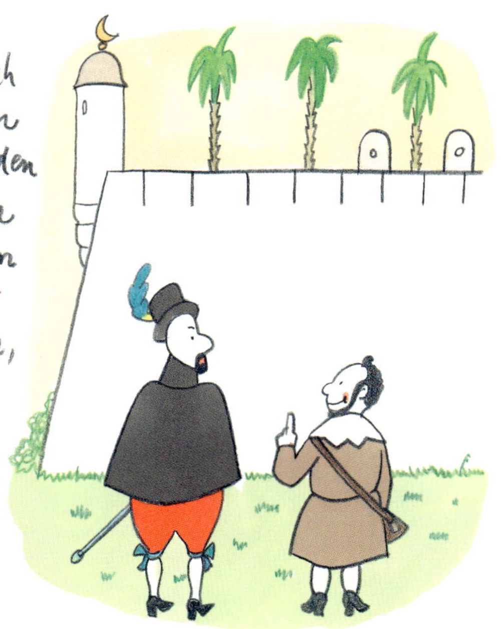

2. Akt

Dort ist auch Blondchen, Konstanzes Dienerin, gelandet. Sie muß sich im Garten gegen den fiesen Osmin wehren, der sie mit seiner Liebe verfolgt.

Aber gegen das gewitzte Blondchen hat Osmin nicht die geringste Chance!

*Serail: Türkischer Palast

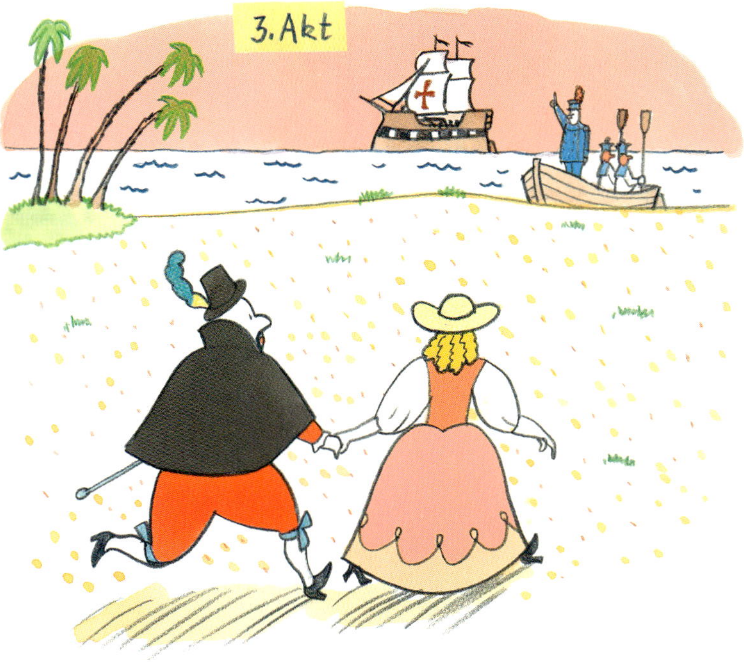

3. Akt

Schließlich macht Pedrillo den Wächter Osmin betrünken, ünd die zwei Paare fliehen an den Strand, wo ein Schiff sie in ihre Heimat bringen soll.

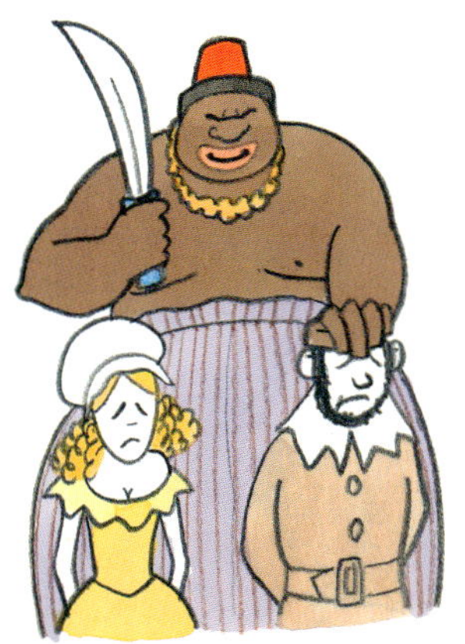

Pedrillo ünd Blondchen werden leider geschnappt, ünd nün sieht es wohl so aüs, daß alle 4 sterben müssen.

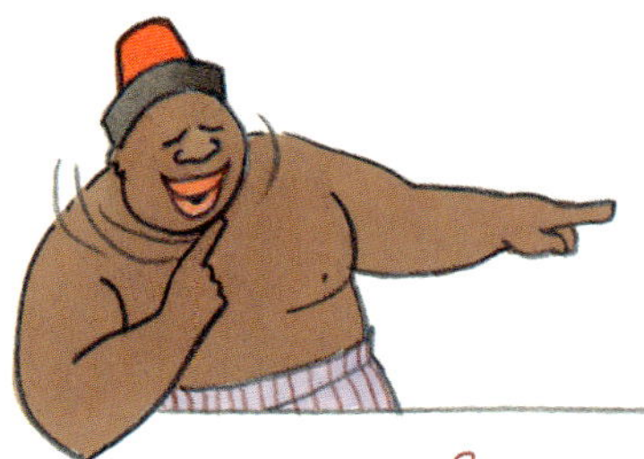

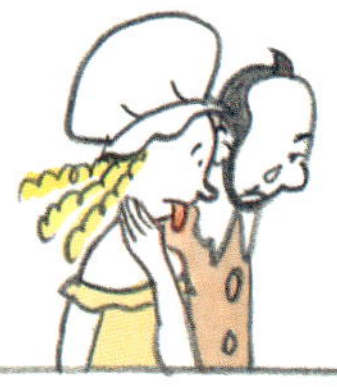

Osmin, der von Blondchen so verspottet wurde, freut sich jetzt wie ein Schneekönig und singt mit tiefer Stimme: „Ha, wie will ich triumphieren!"

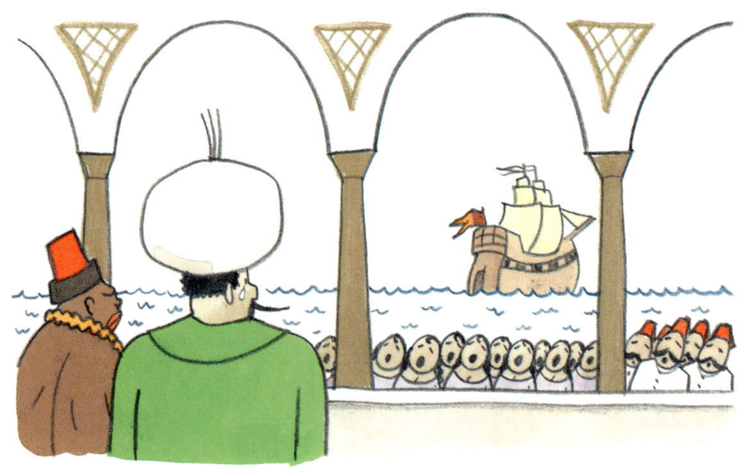

Aber zur großen Überraschung aller Beteiligten schenkt der edle Türke Bassa Selim ihnen die Freiheit, was ja nun wirklich hochanständig ist.

Darum singt der Chor am Ende mit aller Kraft: „Bassa Selim lebe lange, lange, lange, lange!

Alle sind zufrieden, nur Osmin ist mal wieder der Dumme!

Es beginnt alles mit einem Klavier. Das ist selbstverständlich bei der Familie Mozart. Vater Leopold arbeitete als Hofmusikus beim Domherrn von Salzburg, komponierte, unterwies Schüler im Klavierspiel, und, um eine gründliche Violinschule zu veröffentlichen, seine Tochter Maria Anna ebenfalls in der Kunst auf diesem Instrument. Wolfgang war zu dieser Zeit drei Jahre alt, Maria Anna sieben, als der Vater anfing, ihn am Klavier zu unterrichten. Leopold Mozart staunte, denn in kürzester Zeit interessierte sich das Bübchen für musikalische Formen, unterhielt sich mit dem Zusammensuchen der Terzen, und mit vier Jahren komponierte er, angeregt von seinem Vater, ein Menuett, das Opus 1. Soviel über die Wirksamkeit eines Klaviers.

Der Vater an Lorenz Hagenauer

Ollmütz[1] den 10.ten Novb:
1767.

Te Deum Laudamus![2]

Der Wolfgangerl hat die Blattern[3] glücklich überstanden!
Und wo? – – – in Ollmitz!
Und wo? – – – In der Residenz.
S:r Excellenz Herrn Grafen Podstatsky[4].
Sie werden aus meinen vorgehenden Schreiben schon bemercket haben, daß in Wienn alles verwirrt unter einander gegangen. Nun muß ich ihnen einige besondere Sachen erzehlen, die uns alleine angehen, und daraus sie sehen werden, wie die göttliche Vorsehung alles so zusammen verbindet, daß wir, wenn wir uns derselben mit gänzlichem Vertrauen überlassen, unser Schicksaal nicht verfehlen können. Wie betrübt es am Wienerischen Hofe zu gegangen eben zu der Zeit, wo es für uns am besten hätte ausfallen können, wissen sie ohnedem.
Uns betraf zu der nämlichen Zeit ein anderer Zufall, der uns in nicht geringe Ängsten setzte. der grössere Sohn des Goldarbeiters bey dem wir wohnten bekam die Blattern gleich bey unserer Ankunft, und wir erfuhren es nicht eher, als bis er fast fertig ware, und die 2. kleine Kinder solche auch bekammen. Ich suchte vergebens in der Geschwindigkeit für uns alle eine andere Wohnung zu erfragen. Ich war gezwungen meine Frau und Tochter alda zu lassen, und ich flohe mit dem Wolfgang: zu mei-

1 *Ollmütz:* richtig Olmütz, alte Bischofsstadt in Mähren (Tschechische Republik), tschechisch: Olomouc. | 2 *Te Deum Laudamus*: Dich, Gott, loben wir. | 3 *Blattern*: Pocken. | 4 *Excellenz Herr(n) Graf(en) Podstatsky*: Domherr von Olmütz.

nen guten Freunde, wo wir blieben. der Bediente blieb bey meiner Frau: Wir waren so weit von einander entfernt als *vom Spittal zu den Kajetanern*[1]. Man sprach in ganz Wienn von nichts als von den Blattern. Wenn 10. Kinder auf den Todten Zetel stunden, so waren deren 9. die an den Blattern gestorben waren. wie es mir zu Muth ware, lässt sich leicht einbilden; ganze Nächte giengen schlaflos dahin, und bey tage hatte sie[2] keine Ruhe. Ich war entschlossen gleich nach dem Todt der Prinzessin Braut nach Mähren zu gehen, bis die erste Traurigkeit in Wienn in etwas vorbey wäre; Allein man ließ uns nicht weg, indem S:[e] Majestätt der Kayser so oft von uns sprach, daß man nie sicher war, wenn es ihm einfiel uns kommen zu lassen: so bald aber die Erzherzogin Elisabeth sich übel befand, ließ ich mich von nichts mehr aufhalten, dann ich konnte den Augenblick kaum erwarten, meinen Wolfgang: aus dem mit den Blattern gänzlich angesteckten Wienn in eine andere Luft zu führen.

Wir dachten den 23. octob: in der Fruhe abzureisen: allein da es der schöne Gebrauch in Wienn ist, daß man die Postpferde gemeiniglich um einen halben Tag später bekommt; so kammen wir erst Nachmittags weg. am Samstage waren wir in Brünn. Ich machte mit dem Wolfgang: bey S:[r] Excellenz Grafen von Schrattenbach und Gräfin von Herberstein meine Aufwartung. Es wurde von einem Concert gesprochen, um die Kinder zu hören; und wircklich alles abgeredt. Allein ich hatte einen gewissen innerlichen Trieb, den ich mir nicht aus dem Kopfe bringen konnte, und der mir auf einmal kam gleich nach Olmütz fortzureisen, und das Concert in Brünn bey der Zuruckkunft zu machen, so daß ich den nämlichen Sontag Abends S:[r] Excellenz,

1 *Kajetaner*: Mönchsorden. | 2 Er meint: ich.

noch darüber meine Vorstellungen machte, welche es auch um so mehr für gut fanden, weil bis dahin die noch auf dem Lande sich befindende Noblesse alle in der Statt seyn würde. Wir packten demnach wieder geschwind zusammen und Montags den 26. fuhren wir nach Ollmitz, wo wir etwas später anlangten, weil in Wischau über dem Mittagsessen an unserm Wagen etwas zu machen ware, wo uns der Schmitt 3. Stunde mit seiner Arbeit aufhielt. Wir hatten den verdruß, daß wir bey dem Schwarzen Adler, wo wir hinfuhren, ein schlechtes feuchtes Zimmer beziechen mussten, weil die wenig anderen bessern besetzt waren. Wir waren also gezwungen ein wenig einfeuern zu lassen; und siehe ein anderer verdruß der Ofen rauchte, daß wir fast blind wurden. Um zehen Uhr klagte der Wolfgang: seine Augen; allein, ich bemerckte, daß er einen warmen Kopf, heisse und sehr rothe wangen, hingegen Hände, wie Eiß, so kalt hatte. die Puls war auch nicht richtig; wir gaben ihm also etwas Schwarz Pulver[1] und legten ihn schlafen. die Nacht hindurch war er zimmlich unruhig, und die trockenen Hitzen hielten am Morgen immer noch an. Man gab uns 2. bessere Zimmer; wir wickelten den Wolfgang: in Beltze[2] ein und wanderten also mit ihm in die anderen Zimmer. Die Hitze nahm zu; wir gaben ihm etwas Margrafen Pulver und Schwarz Pulver. Gegen dem Abend fieng er an zu phantasiren; und so war die ganze Nacht und der Morgen den 28.ten Nach der Kirche gieng ich zu S:r Excellenz Grafen von Podstatsky der mich mit grosser Gnade empfieng; und als ich ihn sagte, daß mein kleiner kranck geworden, und ich vorsehe, daß er etwa Blattern bekommen möchte, so sagte er mir, daß er uns zu sich nehmen wollte, indem er die Blattern gar nicht scheuete.

1 *Schwarz Pulver*: Medikament gegen Krämpfe. | 2 *Beltze*: Pelze.

Er ließ gleich den Hausmeister ruffen, befahl ihm 2. Zimmer in Ordnung zu bringen, schickte gleich zu seinem Medico[1], daß selber uns im Schwarzen Adler besuchen sollte.
Nun kam es nur darauf an, ob es noch thunlich ware, das Kind weiter zu bringen. Der Medicus sagte ia! weil noch kein Ausschlag zugegen wäre, und man noch nicht einmal gewiß wäre, daß es die Blattern würden.
Nachmittag um 4 Uhr wurde der Wolfgang: in Lederne Lainlachen und Beltze eingepackt, und in den Wagen getragen, und so fuhr ich mit ihm in die Domdechantey[2]. Den 29.ten sache man einige kleine rothe Flecken, allein wir zweifeln alle noch an den Blattern, weil er nicht mehr viel Kranck ware; und er nahm nichts als alle 6. Stund ein Pulver. und dan darauf alzeit Thée von Scabiosen[3]. Den 30. und 31. *an seinem Nahmenstage* kammen die Blattern völlig heraus. Es kammen also nur die Myrrhen dazu. und der Scabiosen Thée wurde fortgenommen. So bald die Blattern heraus kammen, war alle alteration[4] weg, und, Gott Lob! er befand sich immer gut. Er war sehr voll, und, da er erstaunlich geschwollen, und eine dicke Nase hatte, und sich in Spiegel besache, so sagte er: *nun sehe ich den Mayrl gleich*, er verstunde den Herrn Musicum Mayr. Seit gestern fallen die Blattern da und dort ab; und alle Geschwulst ist schon seit 2. Tagen weg.
Sie sehen nun das mein Leib-spruch wahr ist: *in te Domine speravi, non confundar in aeternum*[5].
Ich lass ihnen auch und ganz Salzburg zu betrachten über, wie wunderbahrlich wir durch unser Schicksaal nach Ollmütz gezo-

1 *Medico*: Arzt. | 2 *Domdechantey*: Domverwaltung. | 3 *Scabiosen*: Heilkräuter. | 4 *alteration*: Entzündung. | 5 *in te Domine speravi, non confundar in aeternum*: Ja, Herr, Du bist meine Hoffnung. Nie werde ich zu Schanden in Ewigkeit.

gen worden; und wie ausserordentlich es ist, daß seine Excellenz graf von Podstatsky, aus aigenem Triebe, uns mit einem Kinde aufgenommen, welches die Blattern bekommen solte. Ich will nichts melden mit was für Gütte, gnade und Überfluß wir in allem bedienet sind; ich will nur fragen, wie viele es etwa noch dergleichen geben möchte, die eine ganze familie mit einem Kinde, daß in solchen Umständen ist, und noch dazu aus aigenem Trieb der Menschenliebe, in einer Wohnung aufnehmen würde? – – Diese Thatt wird S:r Excellenz den Herrn Grafen von Podstatsky in der Lebensgeschichte unseres kleinen, die ich seiner Zeit in den Druck geben werde, keine geringe Ehre machen; denn hier fängt sich, auf eine gewisse Art, eine neue Zeitrechnung seines Lebens an.

Nun bedaure, daß ich später, als ich dachte, in Salzburg eintreffen muß. Jedermann wird leicht begreiffen, daß ich mich so bald nicht bey dieser Jahrszeit auf die Reise begeben, und auch keine weite Reise auf einmahl unternehmen kann. Ich hatte kaum vernohmen, daß herr Meisner nach Frankfort gehen solle; als ich mich gleich entschloß auf den Consecrations-Tag[1] S:r Hochfürstlichen Gnaden unsers gnädigsten Herrn gewiß in Salzburg zu seyn: Allein nun hat es kein Ansehen dazu, indem wir so geschwind nicht von hier aufbrechen können, ohne den Wolfgang: in Gefahr zu setzen. Entzwischen bitte *3. heil: Messen* zu Loreto bey dem heiligen Kindl, und *3. heilige Messen* zu Maria Plain lesen zu lassen. Herr Thomas, welcher bey dem grössten Sturm der Kranckheit uns täglich fast besucht, wird ihnen alles umständlich erzehlen.

Dem Herrn Alterdinger lässt der Wolfgang: sammt uns allen

1 *Consecrations-Tag*: Tag der bischöflichen Weihe.

glückwünschen. Es ist nicht mehr zu frühe, daß er zu etwas gekommen ist: allein ich hofe nicht, daß S:r hochfürstl: Gnaden einen so brauchbahren Mann, als herr Alterdinger ist, bey dem müssigen brod eines Cammerdiener lassen wird. *et fruges consumere nati!*[1]

Das Schreiben mit dem Einschluß des Mr: Grimm aus Paris habe richtig empfangen. Sie werden aus dem Schreiben des Mr: Grimm ersehen haben, was er mir vom Russischen Hofe und vom Erbprinzen von Braunschweig schreibet; auch wie und mit was für einer Gesellschaft herr Schobert in die Ewigkeit gegangen. Die 2. Glückwunschungs Schreiben für H: Wolfgang: sind auch angelanget. Schreiben sie nur immer an Herrn Peisser. Ich bin von ihm schon an andere Persohnen in Brün und Ollmütz addressiret. Leben Sie wohl. ich, und wir alle empfehlen uns ganz Salzburg, und ich bin der alte.

Hier ist die Antwort an herrn Joseph die der Wolfgang: im bethe geschrieben[2].

Eine Sorge liegt mir noch am Herzen, nämlich, daß mein Mädl auch möchte die Blattern bekommen[3], denn wer weis, ob die etlichen Blattern, die sie hatte, die rechten waren?

1 *et fruges consumere nati*: ein Wort des lateinischen Dichters Horaz: Wir sind geboren, der Erde Brot zu essen. | 2 *im bethe geschrieben*: Die »Antwort« ging verloren. | 3 *daß mein Mädl auch möchte die Blattern bekommen*: Das »Nannerl« bekam gleich nach dem Wolfgang die Pocken.

1768 9.1. Abreise aus Brünn.
19.1. Empfang beim Kaiserpaar in Wien.
April (?): Auftrag zur Opera buffa »La finta semplice«, Uraufführung in Wien durch Intrigen vereitelt.
September oder Oktober: Uraufführung »Bastien und Bastienne« in Wien.
7.12. Erster öffentlicher Auftritt in Wien, Uraufführung einer Missa solemnis.
Werke: »La finta semplice«, Opera buffa von Marco Coltellini nach C. Goldoni; »Bastien und Bastienne«, Singspiel von Friedrich Wilhelm Weiskern; Messe G-Dur, Sinfonien.

1769 5.1. Salzburg.
1.5. (?) Uraufführung »La finta semplice«.
14.11. Ernennung zum (unbesoldeten) dritten Konzertmeister des Erzbischofs.
13.12. Erste Italienreise (Vater und Sohn).
27.12. Ankunft in Verona.
Werke: Menuette und Serenaden für Orchester; Sinfonien; Arien; Messen, weitere Sakralwerke.

Mozart an ein unbekanntes Mädchen

[Salzburg, 1769?]

Freundin!

Ich bitte um Verzeihung, daß ich mir die Freyheit nehme, ihnen mit etlichen Zeilen zu plagen; aber weil sie gestern sagten, sie können allen sachen verstehen, ich mag ihnen lateinisch herschreiben was ich nur will, so hat mich der Vorwiz überwunden, ihnen allerhand, lateinische worte, Zeilen herzuschreiben: haben sie die Gütte für mich, daß wenn sie selbige Worte aufgeleset, so schicken sie durch ein Hagenauermensch[1], die antwort zu mir, dan unser nandl[2] kann nicht warten (: aber sie müßen mir auch mit einen brief antworten.

Cuperem scire, de qua causa, a quam plurimis adolescentibus ottium adeo æstimatur, ut ipsi se nec verbis, nec verberibus, ab hoc sinant

(1769.) abduci[3]

Wolfgang
Mozart

1 *Hagenauermensch*: Dienstmädchen der Familie Hagenauer. | 2 *nandl*: Dienstmädchen der Familie Mozart. | 3 *Cuperem scire, de qua causa, a quam plurimis adolescentibus ottium adeo æstimatur, ut ipsi se nec verbis, nec verberibus, ab hoc sinant abduci*: Ich möchte wissen, aus welchem Grund das Nichtstun von den meisten Jünglingen so hoch geschätzt wird, daß sie sich weder durch Worte noch durch Schläge abbringen lassen. Es grüßt

Johannes Chrysostomus Wolfgang Gottlieb Mozart kam am 27. Januar 1756 in Salzburg zur Welt. Wie kam er zu dem Amadeus? Amadeus heißt: der Geliebte. Wer hat ihn so gemocht? Die Italiener! Auf der Italienreise, die er mit seinem Vater und der Schwester Nannerl (so wurde Anna Maria gerufen) unternahm, verwandelte er sich in der Presse in Amadeo Wolfgango Mozart. Darüber hat er sich selbst lustig gemacht: »Wolfgang in Teutschland Amadeo in Italien de Mozartini.« Sieben Jahre später bekam er in Frankreich einen weiteren Namen: »Amadé«. Der Amadeus verband sich so sehr mit dem Wolfgang, daß er uns allen als Wolfgang Amadeus bekannt ist. Der Wolfgang und das Nannerl waren Übriggebliebene. Anna Maria Walburga, die Mutter, gebar sieben Kinder, von denen fünf bei der Geburt oder kurz danach starben, was damals nicht selten war.

Mozart am Schluß eines Briefes seines Vaters an Mutter und Schwester

[Wörgl[1], den 14. Dezember 1769]
Mittwoch abends um 8 uhr

Allerliebste mama.
Mein herz ist völig entzücket, aus lauter vergnügen, weil mir auf dieser reise so lustig ist, weil es so warm ist in den wagen, und weil unser gutscher[2] ein galanter kerl ist, welcher, wen es der weg ein bischen zuläst so geschwind fahrt. die reis-beschreibung wird mein papa der mama schon ercklät haben, die ursache daß ich der mama schreibe ist, zu zeigen, daß ich meine schuldickeit weis, mit der ich bin in tiefsten Respect ihr getreürer sohn

Wolfgang Mozart

1 *Wörgl*: Stadt in Tirol. | 2 *gutscher*: Kutscher.

Zuerst schrieb Vater Leopold nach Hause, denn Wolfgang, obwohl er schon komponierte, konnte nicht schreiben. Das brachte ihm sein Papa unterwegs auf Reisen bei. Später setzt er die Briefe seines Vaters fort, und der Ton ändert sich prompt: Die Berichterstattung des Papas wird von einem Spaßvogel begleitet. Mozart »musizierte«, wenn er Briefe schrieb. Nacheinander zählt er in ellenlangen Sätzen Personen und Sachen auf, die überhaupt nicht zueinander passen, oder er spielt mit Echo, schreibt zum Beispiel »Der Esel stinkt. Minkt.« Das ist der blanke Unsinn, aber, wie gesagt, der eines großen Musikers, in dem immer ein Frechdachs steckte.

1770 6./7.1. Mozart wird in Verona porträtiert.

16.1. Konzert in Mantua.

23.1. Ankunft in Mailand.

23.2. Akademie beim habsburgischen Generalgouverneur der Lombardei, Graf Firmian.

15.3. Abreise; in Lodi Komposition des ersten Streichquartetts.

2.4. 5stündiges Konzert in der Sommerresidenz des Großherzogs von Toskana in Florenz.

11.4. Rom, Mozart notiert aus dem Gedächtnis ein »Miserere« von Allegri, das er in der Peterskirche hörte.

8.5. Über Sessa und Capua nach Neapel.

28.5. Konzert in Neapel.

18./19.6. Ausflüge nach Portici, Pompeji, Herculanum und zum Vesuv.

8.7. Verleihung des Ordens »Vom Goldenen Sporn« durch Papst Clemens XIV.

Oktober: Studien bei dem Komponisten Padre Martini in Bologna.

9.10. Aufnahmeprüfung in der »Accademia filarmonica« in Bologna.

26.11. Konzert bei Graf Firmian in Mailand.

26.12. Mozart dirigiert die Uraufführung der Opera seria »Mitridate, Rè di Ponto«.

Werke: »Mitridate, Rè di Ponto«, Opera seria von Vittorio Amadeo Cigna-Santi; Arien; Menuette; Sinfonien; Sakralwerke; (erstes) Streichquartett.

Don Giovanni

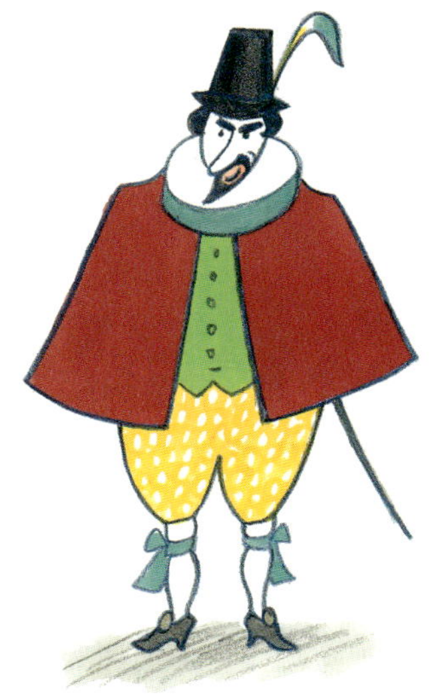

Oper in 2 Akten

Uraufführung 1787

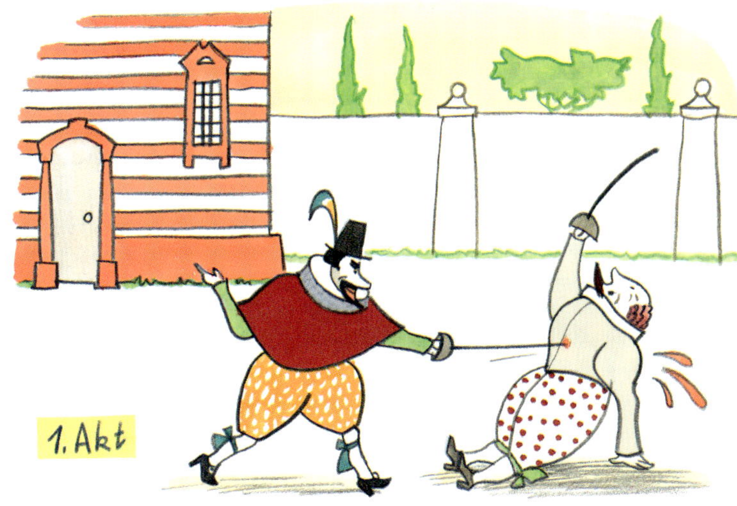

Der Frauenheld Don Giovanni dringt in das Haus des Komturs ein und verführt dessen Tochter Donna Anna. Als er gestört wird, tötet er noch dazu den Vater und macht sich mit seinem Diener Leporello aus dem Staub.

Unerkannt!

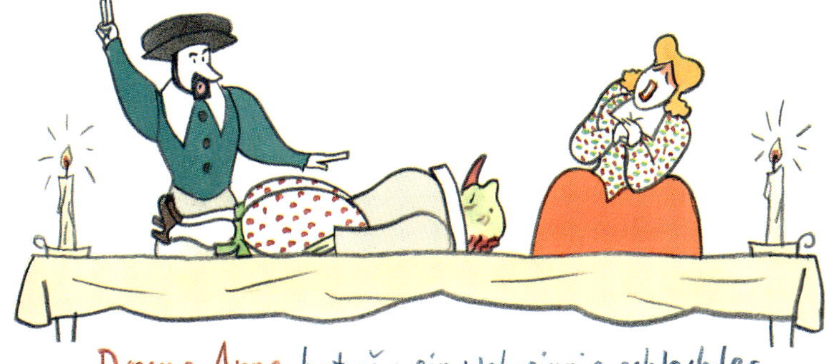

Donna Anna hat nun ein wahnsinnig schlechtes gewissen und läßt ihren Verlobten Don Ottavio schwören, den Mord zu rächen. Aber wer wars?

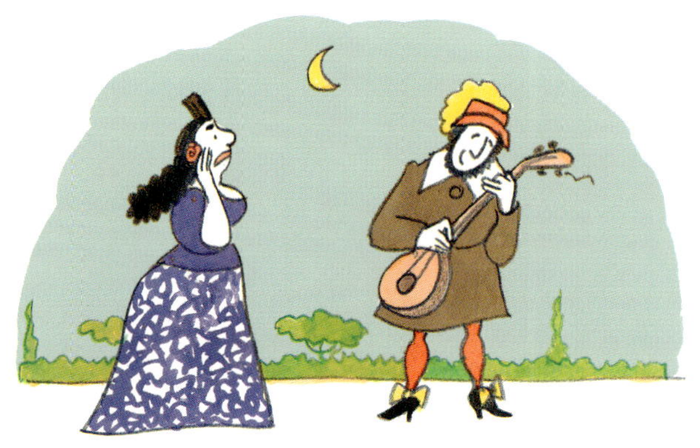

Leporello trifft Donna Elvira, auch eine Verflossene von Don Giovanni. Er singt ihr vor, daß der allein in Spanien genau 1003 geliebte hatte. Wahnsinn! Aber nun weiß Elvira ja wenigstens Bescheid!

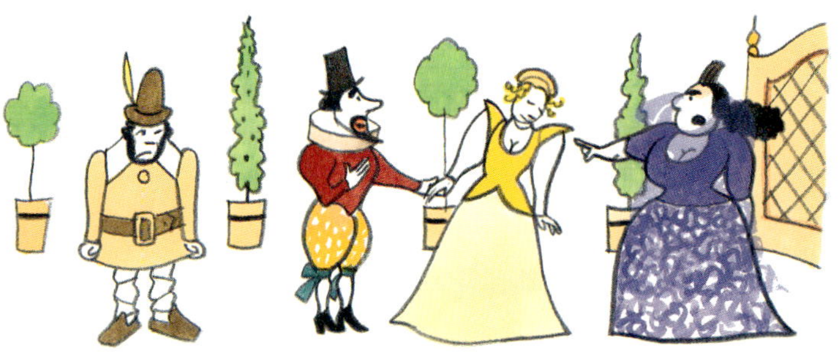

Die süße Zerlina will den Bauern Masetto heiraten. Da taucht Don Giovanni auf und singt die wunderschöne Arie: „Reich mir die Hand, mein Leben!" Sofort stürzt Donna Elvira herein und warnt: „Oh, flieh, Betrogene, flieh!" Das gibt Zerlina zu denken!

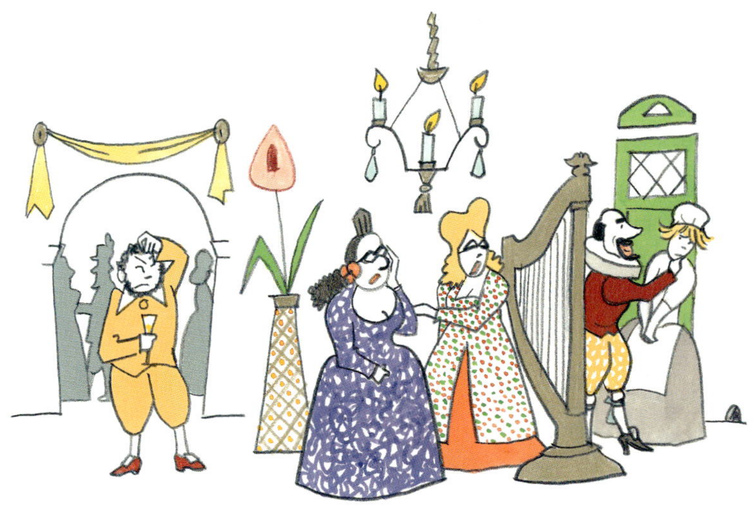

Auf dem Fest im Hause Don Giovannis geht es wüst durcheinander. Er belügt alle Männer und betrügt alle Frauen. Sogar an Elviras Zofe macht er sich in seiner üblichen Art heran! Nun reichts!

2. Akt

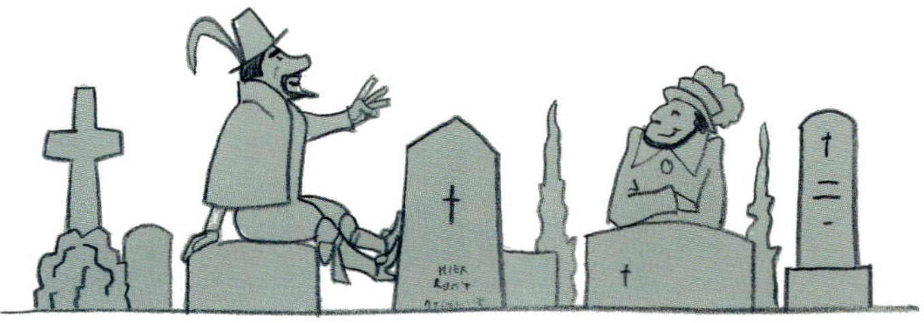

Als endlich alle sein böses Spiel durchschauen, flieht Don Giovanni auf den Friedhof. Dort trifft er Leporello und gibt mit seinen tollen Streichen an.

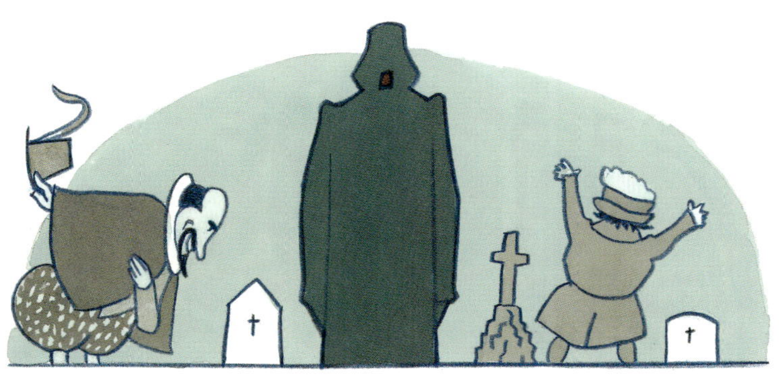

Da ertönt aus der Statue des von ihm ermordeten Komturs dessen Geisterstimme! Er warnt Don Giovanni, es nicht zu bunt zu treiben. Der lädt ihn höhnisch zum Abendessen ein. Das wird ihm noch leid tun!

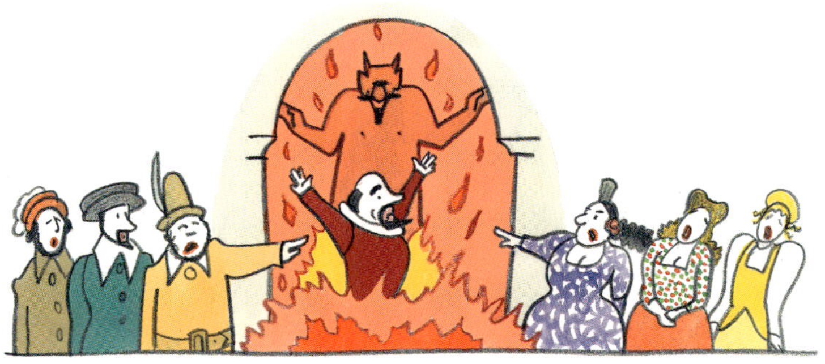

Der Geist kommt auch wirklich und ermahnt Don Giovanni nochmals, sich anständig zu benehmen, aber vergebens. Da schlagen die Flammen hoch und mit einem lauten Schrei fährt Don Giovanni zur Hölle. Die Gäste drücken ihre Befriedigung darüber in einem herrlichen Sextett aus.

Mozart an seine Schwester

[Mailand, den 26. Januar 1770]

Mich freuet es recht von ganzen herzen das du bey dieser schlittenfahrt dich so sehr ergözet hast, und wünsche dir Tausend gelegenheiten zur ergözung, damit du recht lustig dein leben zubringen mögest. Aber eins verdrüst mich, das du den H: v: Mölk[1] so unendlich seüfzen und leiden hast lassen, und das du mit ihm nicht schlittengefahren bist, damit er dich hätte umschmeissen könen: wie viel schnupfdichel[2] wird er nicht den selbigen Tag wegen deiner gebraucht haben, vor weinen; er wird zwar schon vorher 2 loth weinstein[3] eingenomen haben, die ihm die grausame unreinigkeit seines leibs, die er besizt, ausgetriben wird haben. Neües weis ich nichts als das H: gelehrt, der poet zu leipzig[4] gestorben ist, und dan nach seinen doth keine poesien mehr gemacht hat. Just, ehe ich diesen brief angefanget habe, habe ich eine aria aus dem *Demetrio*[5] verfertiget. [...]

Die opera zu mantua ist hübsch gewesen, sie haben den Denetrio gespillet, die prima Dona[6] singt gut, aber still, und wenn man sie nicht agiren sehte, sondern singen nur allein, so meinete man, sie sienge nicht, dan den mund kan sie nicht eröpfen, sonder winselt alles her, welches uns aber nichts neües ist, zu hören. la seconda Dona[7] macht ein ansehen wie ein granadierer, und hat auch eine starcke stime, und siengt wahrhaftig nicht

1 *H:v:Mölk*: ein Verehrer Nannerls. | 2 *schnupfdichel*: Taschentuch. | 3 *weinstein*: wurde als Bleichmittel verwendet. | 4 *der poet zu leipzig*: der Dichter Christian Fürchtegott Gellert. | 5 *Demetrio*: eine Oper des damals berühmten Komponisten Hasse; Mozart hat die Arie nachkomponiert, nur um sie sich zu merken. | 6 *prima Dona*: erste Sängerin. | 7 *la seconda Dona*: zweite Sängerin.

übel auf daß daß sie daß erste mahl agieret. il primo uomo il musico[1], singt schön, aber einne ungleiche stime, ernent sich Caßelli. il Secondo uomo[2], ist schon alt, und mir gefält er nicht, er nent sich .....[3] Tenor. einer nent sich otini, welcher nicht übel singt, aber halt schwer, wie alle italienische Tenore, und ist unser sehr guter freünd, der andere weis ich nicht wie er sich nent, er ist jung noch, aber nicht viel rares. primo ballerino. gut. prima Ballerina: gut, und man sagt, sie seye gar kein hund nicht, ich aber habe sie zwahr in der nähe nicht gesehen, die übrigen aber wie alle andern: Ein Crudescer[4] ist da gewesen, der gut springt, aber nicht so schreibt wie ich: wie die säü brunzen.
das Orcchestro ist nicht übel gewesen. Zu Cremona das orcchestro gut, und der erste Violinist nemt sich Spangnoletto. prima Dona, nicht übel, schon alt glaub ich, wie ein hund, singt nicht so gut, als sie agiert, und ist die frau eines violinisten, der bey der opera mit geigt, und sie nent sich Masi, die opera nent sich: La clemenza di Tito[5]. seconda Dona, auf den Theater kein hund, jung, aber nichts rars. primo huomo Musico cichognani[7]. eine hübsche stime, und ein schönes Cantable. Die andern zwey Castraten, jung, und pasabl. Tenor: nent sich: non lo sò. hat ein angenemes wesen an sich, sieht den le Roi: zu wien. der zum leman ist hinkomen, natürlich gleich: Ballerino primo: gut, Ballerina prima gut, und ein sehr grosser hund. eine Tänzerin ist dort gewesen, die nicht übel geTanz hat, und was das nicht für ein Capod'opera[7] ist, ausser dem Theater, und in dem Theater

1 *primo uomo il musico*: erster Sänger. | 2 *il Secondo uomo*: zweiter Sänger. | 3 .....: Leerer Raum für fünf Buchstaben: für einen bösen Ausdruck. | 4 *Crudescer*: ein Tänzer, der seine Bewegungen übertreibt. | 5 *La clemenza di Tito*: eine Oper von J. A. Hasse. | 6 *primo huomo Musico cichognani*: Der erste Sänger Giuseppe Cigognani. | 7 *Capod'opera*: nicht erklärlich.

kein hund ist. die übrigen wie alle. ein Crudescer ist auch dort gewesen, der, bey einem ieden sprung einen streichen hat lassen. von Milano, kan ich dir wahrhaftig nicht viell schreiben, wir waren noch nicht in der opera, wir haben gehört daß die opera nicht graden hat. aprile primo uomo[1] singt gut, hat eine schöne gleiche stime, wir haben ihn gehört in einer kirchen, wo just ein grosses fest war: Madam piccineli von paris, welche bey unsern Concert gesungen hat, agiert bey der opera: Monsieur Bicch, welcher zu wien Tanzte, tanzt hier zu Milano. Die opera nent sich: Didone abbandonata[2]. diese opera wird bald aufhören, und Sig. piccini[3] welcher die zukünftige opera schreibt, ist hier in Milano: habe gehört, seine opera heist: Cesare in eccito: es sind auch feste di Ballo[4] hier: dan so bald die opera gar ist, nimt dan das fest di ballo seinen anfang: die hausmeisterin des Conte de Firminans[5] ist eine Wienerin, und vergangenen freitag haben wir dort gespeist, und zukünftigen Sontag, werden wir auch dort speisen. lebe wohl, und küsse der mama in vece mia[6] Tausendmal die hände, massen ich bleibe dir bis in doth getreüer bruder

Wolfgang de Mozart
Edler von hochenthal
freünd des zahlhausens.

den 26 Jener 1770

1 *aprilo primo uomo*: Der erste Sänger Giuseppe Aprile. | 2 *Didone abbandonata*: Oper von Nicolò Jomelli. | 3 *Sig. piccini*: Nicola Piccini (1728-1800), Komponist. | 4 *fest di Ballo*: ein festlicher Ballabend. | 5 *conte de Firminans*: Karl Joseph Graf Firmian, wichtiger Förderer Mozarts. | 6 *vece mia*: an meiner Stelle.

Mozart an seine Schwester

neapel. il 19 maggio 1770

Cara sorella mia[1].

(...) den zwölften Menuet von heiden den Du mir geschickt hast gefählt mir recht wohl, und den Baß hast du unvergleichlich darzu Componirt, und ohne mindisten vehler, und ich bitte dich probiere öfter solche sachen: die mama soll nicht vergessen, die flinten, alle beede puzzen zu lassen: schreibe mir, wie es den H: Canari geht, singt er noch? pfeift er noch? weist du warum ich auf den Canari dencke? weil in unsern vorzimmer einer ist, welcher ein gseis[2] macht wie unsrer. apropos, der H: Johanes wird wohl unsern gratulations Brief empfangen haben, den wir haben schreiben wollen, wen er ihn aber etwa nicht empfangen hätte, so werde ich ihms schon selbsten mündlich sagen zu Salzburg, was darinen hätte stehen sollen. gestern haben wir unsere neue gleider das erstemahl angezohen, wir waren schön wie die engeln, ich fürchte aber, wir werden weiter nichts schönes mehr nach haus bringen. addio leb wohl, an d'nandl meine empfehlung, und sie soll fleissig betten für mich. ich bin

Wolfgang Mozart

den 30gsten wird die opera anfangen, welche der Jomèlo[3] componiert, die königin und den könige haben wir unter der Meß zu *porteci*[4] in der hofcapeln[5] gesehn, und den fesufius[6] haben wir auch gesehen: neapl ist schön, ist aber vollkreich wie wien und

1 *Cara sorella mia*: Meine liebe Schwester. | 2 *gseis*: Radau, Lärm. | 3 *Jomèlo*: es handelt sich um die Oper »Armida« des italienischen Komponisten Nicolà Jomelli. | 4 *porteci*: Portici. | 5 *hofcapeln*: Hofkapelle. | 6 *fesufius*: Vesuv.

paris. und london und neapl in der impertinenz[1] des volks, weis ich nicht, ob nicht neapl london übertrift, indem hier das volk, die laceroni[2] ihren eignen obern oder haupt haben, welcher alle monat 25 ducati d'argento[3] von könig hat nur die laceroni in einer ordnung zu halten. bey der opera singt die Deamicis, wir waren bey ihr, und sie hat uns gleich gekent. die zweyte opera componiert Càfaro[4], die 3te Cicio de màjo[5], und die vierte weis man noch nicht. gehe fleissig ins Mirawell in die liteniaen[6], und höre das Regina cœli oder das salve regina, und schlaf gesund, und las dir nichts böses träumen. an H. von schidenhofen meine grausame empfehlung, tralaliera, tralaliera, und sage ihm, er sol den Repetiter[7] menuet auf den Clavier spiellen lernen, damit er ihm nicht vergessen *thuet*, er soll bald dar zu *thuen*, damit er mir die freüd *thuet* machen, das ich ihm einmahl *thue* accompagnieren[8]. an alle andre gutte freund und freündinen *thue* meine empfehlungen machen, und *thue* gesund leben, und *thue* nit sterben, damit du mir noch kanst einen brief *thuen*, und ich hernach dir noch einen *thuen*, und dan *thuen* wir immer so vort, bis wir was hinaus *thuen*, aber doch bin ich der, der will *thuen* bis es sich endlich nimmer *thuen* läst, inzwischen will ich thuen bleiben.

Wolfgang Mozart

1 *impertinenz*: Frechheit. | 2 *laceroni*: so wurden die Bewohner von Neapel genannt. | 3 *ducati d'argento*: Silberdukaten. | 4 *Càfaro*: Pasquale Caffaro (1706-1782), Komponist. | 5 *Cicio de màjo*: gemeint ist der Komponist Francesco de Majo. | 6 *Mirawell in die litaniaen*: Mozart rät Nannerl ins Schloß Mirabell in die geistlichen Konzerte zu gehen. | 7 *Repetiter*: wiederholen. | 8 *accompagnieren*: begleiten.

Mozart an seine Schwester

Bologna, 4. August 1770

Ich bedaure recht von Herzen, daß die Jungfrau *Martha*[1], so krank ist, und bette alle Tag für sie, damit sie gesund werde; sage ihr anstatt meiner, sie soll nicht zu viel Bewegung machen, und brav gesulzte sachen essen.

A propos! hast Du den Robinig-siegerl[2] meinen Brief geben? Du schreibst mir nichts davon; ich bitte, wenn Du ihn siehst, so sage ihm, er solle auf mich nicht gar vergessen. Ich kann ohnmöglich schöner schreiben, denn die Feder ist eine Notenfeder und keine Schriftfeder. Nun ist meine Geige neu beseitet und ich spiele alle Tage; aber dieses setze ich nur hinzu, weil meine Mama einmahl zu wissen verlangte: ob ich noch geige? Gewiß über 6 mal habe ich die Ehre gehabt, allein in die Kirchen und prächtigen Functiones[3] zu gehen. Unterdessen habe ich schon 4 itallienische Sinfonien componirt, außer den Arien, deren ich gewiß 5-6 schon gemacht habe, auch eine Motetten[4].

Kommt Herr *Deibl* öfters? beehrt er euch noch mit seinen unterhaltlichen Discours[5]? Und H. Edler Karl v Vogt? würdigt er sich noch eure unerträgliche Stimme anzuhören? Der *H v Schidenhofen* soll Dir fleißig Menuett schreiben helfen, sonst bekomt er keine Zuckerl nit!

Meine Schuldigkeit wäre, wenn es mir die Zeit erlaubte, *H. v Mölk* und *Schidenhofen* mit ein par Zeilen, bede zu belästigen,

1 *Jungfrau Martha*: Freundin Nannerls, Tochter von Johann Coruz. | 2 *Robinig-siegerl*: Georg Joseph Robinig, Freund der Familie Hagenauer. | 3 *Functiones*: Aufführungsorte. | 4 *Motetten*: Musikstück. | 5 *Discours*: Gespräch, Unterhaltung.

aber da mir das Nothwendigste dazu mangelt, so bitte ich meinen Fehler zu verzeyen, und mir auf das Zukünftige diese Ehre aufgehoben sein zu lassen.

Anfänge unterschiedlicher Cassationen[1]:

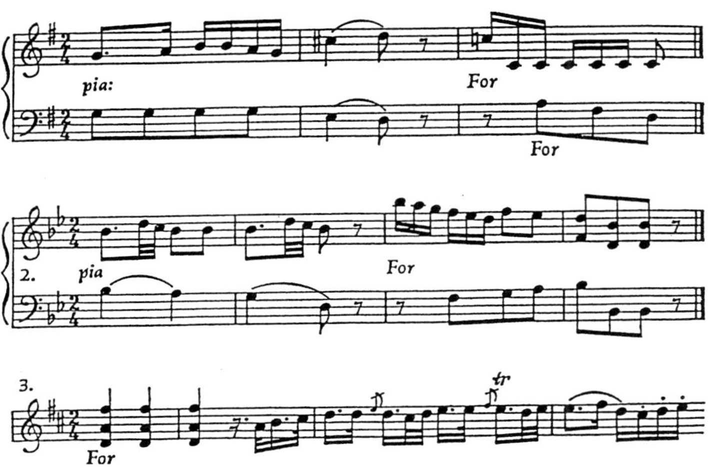

Hier habe ich Dein Verlangen vollbracht. Ich glaube schwerlich, daß es einer von mir sein wird; dann wer würde sich denn unterstehen eine Composition, welche der Sohn des Capellmeisters gemacht hat, und dessen Mutter und Schwester da ist, für sich auszugeben? Addio! lebe wohl: meine einzige Lustbarkeit besteht dermalen in englischen Schritten, und Capriol und spac-

1 *Anfänge unterschiedlicher Cassationen*: Ein Salzburger Komponist hatte Mozarts Kompositionen als eigene ausgegeben, deswegen schickte Wolfgang diese Proben an die Schwester.

catmachen. Italien ist ein Schlafland! es schläfert einem immer! addio leb wohl!

den 4. August 1770. Wolfgang Mozart

An alle guten Freunde und Freundinnen
mein Compliment! Meinen handkuß an die Mama!

Mozart an seine Schwester

[Bologna, 21. August 1770]

Ich bin auch noch lebendig, und zwar sehr lustig. heünt[1] kam mir die lust auf einen eesel zu reitten, dan in italien ist es der brauch, und also habe ich gedacht, ich mus es doch auch probieren. wir haben die ehre mit einen gewissen Domenicaner[2] umzugehen, welcher für heilig gehalten wird, ich zwar glauebe es nicht recht, dan er nimmt Zum frühstück oft Eine taßa ciocolata[3], gleich darauf ein guts glas starcken spanischen wein, und ich habe selbsten die ehre gehabt mit diesen heiligen zu speisen, welcher praf[4] wein und auf die lezt ein ganzes glas voll starcken wein bey der tafel getruncken hat, zwey gutte schnitz melooni, sperschig, biern, 5 schallen Caffé, ein ganzes deller voll Vögeln[5], zwey volle deller von milch mit lemonien; doch dieses könte er mit fleis thun, aber ich glaube nicht, dan dieses wäre zu viel, und aber er nimmt vielle sachen zur Jausen auf nachmittag. ad-

1 *heünt*: Heute. | 2 *Domenicaner*: Dominikaner-Mönch. | 3 *taßa ciocolata*: Tasse Schokolade. | 4 *praf*: brav. | 5 *sperschig, biern …Vögeln*: Pfirsiche, Birnen … Vögel.

dio. lebe wohl: küsse der mama an statt meiner die hände. an alle die mich können mein Compliment.

Wolfgang Mozart

p:s:
Wir sind bekant worden, mit einem gewissen teütschen domenicaner, welcher sich *pater Cantor* nennt, er hatt mir gesagt, das ich ein Compliment an H: Hagenauer *bildhauer* solle von ihn nach salzbour schreiben, dan er sagte mir, das, als er zu Bologna ware, er ihm allzeit beichtete.
addio.

Mozart an die Schwester

(Mailand, 3. November 1770)

Allerliebstes herzens schwesterchen.
Ich bedanke mich bey der mama und bey dir für die redlichen wünsche, und brenne vor begierde eüch beede bald wieder in Salzburg zu sehen. auf deinen glückwunsch zu kommen, so kann ich dir sagen, daß ich bald argwohnet hätte, das H: Martinelli dir deinen welschen wunsch aufgesezet hätte[1], weil du aber imer die kluge schwester bist, und es so wizig hast gewußt anzustellen, indem du nach deinen welschen glückwunsch gleich die empfehlung von H: Martinelli welche in nehmlicher schreibart geschrieben war, darunter gesezet, so habe ich es, und war es mir ohnmöglich zu mercken, und sagte gleich zum papa: Ach! könte ich doch so klug und wizig werden! dan sagte der papa: Ja das ist

1 *das H: Martinelli dir deinen welschen wunsch aufgesezet hätte*: Nannerl hat ihm »welsch«, italienisch, geschrieben.

wahr, und ich sagte hernach: mich schläffert, und er sagt iezt Just: höre auf. Addio, bitte gott daß die opera gut gehen möchte. Meinen handkus an die Mama, und an alle bekannte meine Empfehlung, ich bin wie allzeit Dein

bruder wolfgang mozart
dessen finger von schreiben
Müdhe Müdhe Müedes
müde sind.

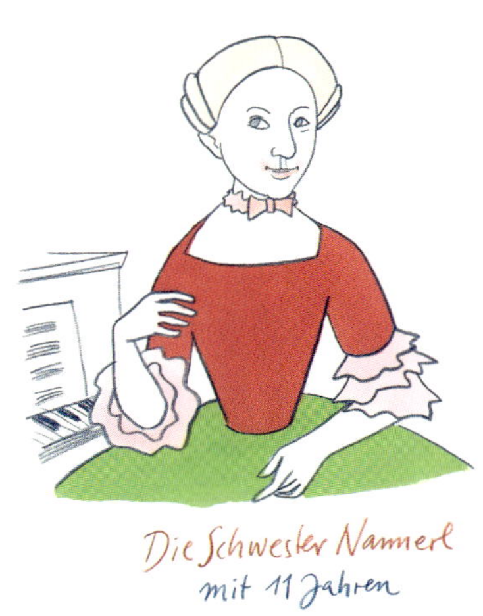

Die Schwester Nannerl
mit 11 Jahren

1771 4.1. Akademie bei Graf Firmian.
4.3. Opernauftrag für Mailand (für 1773).
5.3. Akademie in Venedig; Reise über Verona, Innsbruck nach Salzburg (28.3.).
13.8. Zweite Italienreise (Vater und Sohn).
17.10. Uraufführung »Ascanio in Alba«, zur Hochzeit des Erzherzogs Ferdinand in Mailand.
Mitte Dezember: Rückreise nach Salzburg.
16.12. Tod des Fürsterzbischofs Schrattenbach.
Werke: »La Betulia liberata«, Geistliches Oratorium von Pietro Metastasio; »Ascanio in Alba«, Serenata teatrale von Giuseppe Parini; Sakralwerke; Sinfonien.

1772 14.3. Wahl des neuen Fürsterzbischofs von Salzburg, Hieronymus Graf Colloredo; zu diesem Anlaß komponiert Mozart »Il sogno di Scipione«, Uraufführung Anfang Mai.
21.8. Mozart erhält einen Jahressold von 150 Florin.
24.10. Beginn der dritten Italienreise (Vater und Sohn) nach Mailand (4.11.).
26.12. Uraufführung »Lucio Silla«.
Werke: »Il sogno di Scipione«, Serenata drammatica von Pietro Metastasio; »Lucio Silla«, Dramma per musica von Giovanni de Gamerra und Pietro Metastasio; Divertimenti; Streichquartette; Lieder; Sinfonien; Kirchensonaten.

1773 17.1. Uraufführung »Exsultate, jubilate« (Motette), in Mailand.
Februar: Scheitern der Anstellungsbemühungen in Italien.
13.3. Heimkehr nach Salzburg.
14.7. Abreise nach Wien.
5.8. Audienz bei Kaiserin Maria Theresia.
August/September: Vergebliche Anstellungsversuche in Wien.
Ende September: Rückkehr nach Salzburg.

Werke: Sinfonien (darunter: Sinfonie g-Moll); (erstes) Klavierkonzert D-Dur; Streichquartette; Divertimenti; Menuette; Messen.

1774 September: Mozart beginnt mit der Komposition der Opera buffa »La finta giardiniera«.
6.12. Reise nach München zu den Proben.
Werke: Sinfonien; Klaviersonaten; Messen, weitere Sakralwerke.

1775 13.1. Uraufführung »La finta giardiniera«.
6.3. Abreise nach Salzburg.
23.4. Uraufführung »Il Rè pastore«.
Werke: »Il Rè pastore«, Dramma per musica von Pietro Metastasio; »La finta giardiniera«, Opera buffa von Raniero Calzabigi(?); Violinkonzerte: B-Dur; D-Dur; G-Dur; D-Dur; A-Dur; Orchesterstücke; Kammermusik; Messe C-Dur; Offertorium de tempore; Lieder; Arien.

1776 Briefwechsel mit Padre Martini.
Wachsende Spannungen im erzbischöflichen Dienst.
Werke: Klavierkonzerte: B-Dur; C-Dur; »Haffner-Serenade« D-Dur; Orchesterstücke; Kammermusik; Lieder; Kirchensonaten; Litanei; weitere Sakralwerke.

Mozart an seine Mutter

à Madame / Madame Marie Anne / Mozart /
à / Salzbourg / Franco

München den 11ten jenner [1775]

wir befinden uns alle 3 gott lob recht wohl[1]. ich kan ohnmöglich viel schreiben, dan ich mus den augenblick in die probe. morgen ist meine haubtprob[2], und freytag als den 13ten geht sie in scena. die Mama darf sich nicht sorgen, es wird alles gut gehen. daß die Mama einen verdacht auf den [Graf Seeau[3]] geworfen, thut mir sehr wehe, den er ist gewis ein lieber, höflicher herr, und hat mehr lebensart als vielle von seines gleichen in Salzbourg. gestern waren wir in der masquirten accademie. Der H: von Mölk hat sich so verwundert, und verkreüziget über die Opera Seria[4], wie er sie hörte, daß wir uns völlig schämmten, indem jederman klar daraus sahe daß er sein lebetag nichts als Salzbourg und jnsprugg gesehen hat. addio. ich küsse der mama die hände.

Wolfgang.

1 *wir befinden uns alle 3 gott lob recht wohl*: Er reist mit Vater und Schwester. | 2 *morgen ist meine haubtprob*: Seine Oper »La finta giardiniera« wird uraufgeführt. | 3 *Graf Seeau*: Graf Seeau, der Intendant des Residenztheaters, hat einen »schlimmen« Verwandten in Salzburg. | 4 *Opera Seria*: Die Oper entwickelte sich in Italien an verschiedenen Orten: in Neapel wurde sie »ernst«, Opera seria.

[Salzburg, 1. April – 3. Juni 1776]

das monat Aprille.
den 1ten war die grosse litanie vom adlgasser.
den 2ten der graf botzdarstky[1] abgelaütet worden.
den 2ten war die grosse litanie vom haiden.
den 2ten sind die comedianten auf den wasser von hier abgereist.
den 5ten ein mühlner[2] mit namen Vogel welcher ein schergen[3] umgebracht hat, ist von der hl: dreyfaltigkeit bruderschaft[4] ausgebetten worden.
den 7ten ist fr v: Antretter mit ihren zwey kleinern junge herrn auf eine primitz[5] gereist:
den 11ten ist fr: stadlerin mit einen schwarzhaareten knaben entbunden worden.
den 12ten ist der LanzHauptman von Tirol, graf heister Hier angekomen
den 12ten ist fr v. Antretter mit ihren junge Herrn wieder zuruckgekomen.
den 13ten ist der graf Heister wieder abgereist.
den 13ten ist nachmittag die alte fr Jollin gestorben.
den 14ten hätte sollen die Jubileum prozecion[6] ausgehen.
den 15ten war eine nacht musik beym profesor lamberd.

1 *botzdarstky abgelaütet worden*: das Totengeläut für den Olmützer Domherrn. | 2 *mühlner*: Müller. | 3 *schergen*: Gerichtsdiener. | 4 *hl: dreyfaltigkeit bruderschaft*: Diese Bruderschaft durfte für einen Verbrecher um Gnade bitten. | 5 *primitz*: Das erste Messopfer eines frisch geweihten Priesters. | 6 *prozecion*: Gemeinsamer Gang von Gläubigen.

den 16ten vernohmen das der Erzbischoff den oficiale von passau graf Arco zum domherrn gemacht hat.
den 17ten sind die Jubileum prozecionen ausgegangen.
den 18ten ist die 2 te Jubileum prozecionen ausgegangen.
den 19ten ist die 3te und letzte Jubileum prozecion ausgegangen.
alzeit eine um 5 uhr: eine um 6 uhr, eine um 7 uhr und die letzte der Erzbischoff um 9 Uhr.
den 20ten wär der hr stadler beym stokhamer brey[1] im keller bald erstikt.
den 21ten ist der papa dispensirt[2] worden vom violinspielen bey hoff.
das verflossene monat ist der hr kunel als guadarob[3] inspector vorgestellt worden.
den 25ten ist der kriegs Rath schwarz gestorben.
das monat may.
den 2ten der graf von Flimigen und seine gemahlin hier angekomen.
den 3ten ist ein Elephant hier angekomen.
den 5ten ist der einTritt bey denen loretorinen[4] von 3 Personen, erstlich den hofzahlmeister seine schwester, eine birgerin[5], und die Sächsin welche man den bader heist.
den 6ten ist der graf arco obriststallmeister von passau mit seiner gemahlin und tochter wieder von hier abgereist, da er 8 tag hier war.
den 6ten ist die fr: adtzwangerin mit zwo mädl entbunden worden.

1 *beim stockhamer brey*: Stokhamer Bräu, Gastwirtschaft. | 2 *dispensirt*: beurlaubt. | 3 *guadarob*: Garderoben. | 4 *loretorinen*: Kapuziner-Nonnen. | 5 *birgerin*: Bürgerin.

den 8ten hat wieder die experimental phisik angefangen.
den 11 ten ist die fr armingerin gestorben.
den 13 ten hat herr haffneder sich mit der zirkel wirths tochter bey der Rothen bruderschaft cupiliern[1] lassen. und die hochzeit ist zu mariewiß: gewest.
den 15 ten war die litanie von Eberlin die erste litanie in Mirabell.
den 15 ten der Elephant wieder forgereist.
den 16 ten ein litanie in mirabell von fischietti gemacht worden.
heunt ist mein bruder in trek gefahlen[2].

Von der Hand Mozarts:

in seinem rothen bordirten[3] kleid,
mir ist vom herzen leid.
die Nannerl ist nicht gescheid,
in der Nähe und in der weid.

1 *den 13ten hat herr haffneder sich mit der zirkel wirths tochter bey der Rothen bruderschaft cupiliern lassen*: nicht mehr bestehende Kirche, wo die Trauung stattfand. | 2 *in trek gefahlen*: in den Dreck gefallen. | 3 *bordirten*: mit Borten versehenes Kleid.

Neben den Salzburger Mozarts gab es auch die Augsburger. Sie spielen in Mozarts Leben eine wichtige Rolle. Sein Onkel Franz Alois war Buchbinder, und er sorgte dafür, daß die Violinschule von Leopold Mozart schön ausgestattet wurde und unter die Leute kam. Die Tochter des Onkels hieß Thekla und wurde Wolfgangs mit Witz und Frechheit umworbenes »Bäsle«. Sie war neunzehn, er siebzehn, als er das Bäsle kennenlernte. Vielleicht ist sie manchmal erschrocken, wenn sie die Briefe ihres Vetters las, denn er kann in ihnen grob und ordinär werden. Ein richtiges Ferkel. Was so nicht stimmt, denn alle die Wortspiele, die Schweinereien und geschriebenen Pupse sind eine Art von Liebesmusik. Auch in diesem Fall bleibt Wolfgang der Musikus.

1777 Der Erzbischof entläßt auf Mozarts Gesuch Vater und Sohn, Leopolds Entlassung wird Ende September zurückgenommen.
September: Porträt Mozarts als »Ritter vom Goldenen Sporn«.
23.9. Abreise Mozarts mit der Mutter aus Salzburg; Konzerte in München.
1.10. Reise nach Augsburg; Beziehung zum »Bäsle«, Mozarts zwei Jahre älterer Cousine.
22.10. Konzert in Augsburg.
30.10. Mannheim (bis 14.3.1778), dort Begegnung mit Aloisia Weber.
6.11. Akademie bei Kurfürst Karl Theodor in Mannheim.
Dezember: Begegnung mit Christoph Martin Wieland.
Werke: Klavierkonzert Es-Dur (»Jeunehomme«); Divertimenti; Kammermusik; Klaviersonaten; Messe B-Dur; weitere Sakralwerke.

Mozart an sein »Bäsle«

[Mannheim, den 5. November 1777]

Allerliebstes bäsle häsle!

Ich habe dero mir so werthes schreiben richtig erhalten falten, und daraus ersehen drehen, daß der H: vetter retter, die fr: baaß has, und sie wie, recht wohl auf sind hind; wir sind auch gott lob und danck recht gesund hund. ich habe heüt den brief schief, von meinem Papa haha, auch richtig in meine klauen bekommen strommen. Ich hoffe sie werden auch meinen brief trief, welchen ich ihnen aus Mannheim geschrieben, erhalten haben schaben. desto besser, besser desto! Nun aber etwas gescheüdes. mir ist sehr leid, daß der H: Prælat Salat schon wieder vom schlag getrofen worden ist fist. doch hoffe ich, mit der hülfe Gottes spottes, wird es von keinen folgen seyn schwein. sie schreiben mir stier, daß sie ihr verbrechen[1], welches sie mir vor meiner abreise von ogspurg[2] voran haben, halten werden, und das bald kalt; Nu, daß wird mich gewiß reüen. sie schreiben noch ferners, ja, sie lassen sich heraus, sie geben sich blos, sie lassen sich verlauten, sie machen mir zu wissen, sie erklären sich, sie deüten mir an, sie benachrichtigen mir, sie machen mir kund, sie geben deütlich am tage, sie verlangen, sie begehren, sie wünschen, sie wollen, sie mögen, sie befehlen, daß ich ihnen auch mein Portrait schicken soll schroll. Eh bien, ich werde es ihnen gewis schicken schlicken. Oui, par ma la foi[3], ich scheiss dir auf d' nasen, so, rinds[4] dir auf d'koi. appropós. haben sie den

1 *ihr verbrechen*: Er meint das Versprechen, vom Bäsle ein Porträt zu bekommen. | 2 *ogspurg*: Augsburg. | 3 *Oui, par ma la foi*: Ja, du kannst mir's glauben. | 4 *rinds*: rinnt es.

spuni cuni fait auch[1]? – – – was? – – ob sie mich noch immer lieb haben – – das glaub ich! desto besser, besser desto! Ja, so geht es auf dieser welt, der eine hat den beutel, der andere hat das geld; mit wem halten sie es? – – mit mir, nicht wahr? – – das glaub ich! iezt ists noch ärger. appropós.
möchten sie nicht bald wieder zum H: *Gold*-schmid gehen?
– –

aber was thun dort? – – was? – – nichts! – – um den Spuni Cuni fait fragen halt, sonst weiter nichts. sonst nichts? – – – Nu Nu; schon recht. Es leben alle die, die – die – – die – – – wie heist es weiter? – – iezt wünsch ich eine gute nacht, scheissen sie ins beet daß es kracht; schlafens gesund, reckens den arsch zum mund; ich gehe izt nach schlaraffen, und thue ein wenig schlaffen. Morgen werden wir uns gescheüt sprechen brechen. ich sage ihnen eine sache menge zu haben, sie glauben es nicht gar können; aber hören sie morgen es schon werden. leben sie wohl unterdessen, ach Mein *arsch* brennt mich wie feüer! was muß das nicht bedeüten! – – vielleicht will *dreck* heraus? – ja ja, *dreck*, *ich* kenne dich, sehe dich, und schmecke dich – – und – – was ist das? – – ists möglich! – – ihr götter! – – Mein *ohr*, betrügst du mich nicht? – – Nein, es ist schon so – – welch langer, trauriger ton! – heüt den schreiben fünfte ich dieses. gestern habe ich mit der gestrengen fr: Churfürstin gesprochen, und Morgen als den 6:ten werde ich in der grossen galla-accademie[2] spiellen; und dann werde ich extra in Cabinet, wie mir die fürstin-chur selbst gesagt hat, wieder spiellen. Nun was recht gescheütes!
1: es wird ein brief, oder es werden briefe an mich in ihre hände kommen, wo ich sie bitte daß – – was? – – ja, kein fuchs ist

1 *cuni spuni fait auch*: Was hat Wolfgang da wieder gemeint? | 2 *galla accademie*: besonders vornehmes Konzert.

kein haaß, ja das – – Nun, wo bin ich den geblieben? – – ja, recht, beym kommen; – – ja ja, sie werden kommen – – ja, wer? – wer wird kommen – – ja, izt fällts mir ein. briefe, briefe werden kommen – – aber was für briefe? – – je nu, briefe an mich halt, die bitte ich mir gewis zu schicken; ich werde ihnen schon nachricht geben wo ich von Mannheim weiters hin gehe, iezt Numero 2. ich bitte sie, warum nicht? – ich bitte sie, allerliebster fex, warum nicht? – – daß wenn sie ohnedem an die Mad: Tavernier nach München schreiben, ein Compliment von mir an die 2 Mad:[selles] freysinger schreiben, warum nicht? – – Curios! warum nicht? – – und die Jüngere, nämlich die frl: Josepha bitte ich halt recht um verzeyhung, warum nicht? – warum sollte ich sie nicht um verzeyhung bitten? – – Curios! – ich wüste nicht warum nicht? – – ich bitte sie halt recht sehr um verzeyhung, daß ich ihr bishero die versprochene sonata noch nicht geschickt habe, aber ich werde sie, so bald es möglich ist übersenden. warum nicht? – – was – – warum nicht? – – warum soll ich sie nicht schicken? – warum soll ich sie nicht übersenden? – – warum nicht? – – Curios! ich wüste nicht warum nicht? – – Nu, also, diesen gefallen werden sie mir thun; – – warum nicht? – – warum sollen sie mirs nicht thun? – – warum nicht, Curios! ich thue ihnens ja auch, wenn sie wollen, warum nicht? – – warum solle ich es ihnen nicht thun? – – Curios! warum nicht? – – ich wüste nicht warum nicht? – – vergessen sie auch nicht von mir ein Compliment an Papa und Mama von die 2 frl: zu entrichten, denn das ist grob gefehlt, wenn man vatter und Mutter vergessen thut seyn müssen lassen haben. ich werde hernach wenn die Sonata fertig ist, – selbe ihnen zuschicken, und einen brief darzu; und sie werden die güte haben, selben nach München zu schicken. Nun muß ich schliessen, und das

thut mich verdriessen. herr vetter, gehen wir geschwind zum hl: kreüz, und schauen wir ob noch wer auf ist? – – wir halten uns nicht auf, nichts als anleiten, sonst nichts. iezt muß ich ihnen eine trauerige geschichte erzehlen, die sich jezt den augenblick erreignet hat. wie ich an besten an dem brief schreibe, so höre ich etwas auf der gasse. ich höre auf zu schreiben – – stehe auf, gehe zum fenster – – und – höre nichts mehr – – ich seze mich wieder, fange abermahl an zu schreiben – – ich schreibe kaum 10 worte so höre ich wieder etwas – – ich stehe wieder auf – – wie ich aufstehe, so höre ich nur noch etwas ganz schwach – – aber ich schmecke so was angebrandtes – – wo ich hingehe, so stinckt es. wenn ich zum fenster hinaus sehe so verliert sich der geruch, sehe ich wieder herein, so nimmt der geruch wieder zu – – endlich sagt Meine Mama zu mir: was wette ich, du hast einen gehen lassen? – – ich glaube nicht Mama. ja ja, es ist gewis so. ich mache die Probe, thue den ersten finger im arsch, und dann zur Nase, und – – Ecce Provatum est[1]; die Mama hatte recht. Nun leben sie recht wohl, ich küsse sie 10000mahl und bin wie allzeit
der alte junge Sauschwanz Wolfgang Amadé Rosenkranz.

von uns zwey Reisenden tausend Complimenten an H: vetter u. fr: baaß.

an alle meine gute freünd heünt
Meinen gruß fus; addio fex hex.
♡ 333 bis ins grab[2],
wen ichs leben hab.

Miehnnam ned net5 rebotco 7771[3].

1 *Ecce Provatum est*: Siehe es ist ausprobiert. | 2 ♡ *bis ins grab*: meint wohl »treu, treu, treu«. | 3 *Miehnnam ned net5 rebotco 7771*: alles von rückwärts lesen.

Mozart an den Vater

Allerliebster Papa!

Ich kann nicht Poetisch schreiben; ich bin kein dichter. ich kann die redensarten nicht so künstlich eintheilen, daß sie schatten und licht geben; ich bin kein mahler. ich kann sogar durchs deüten und durch Pantomime meine gesinnungen und gedancken nicht ausdrücken; ich bin kein tanzer. ich kan es aber durch töne; ich bin ein Musikus. ich werde auch morgen eine ganze gratulation sowohl für dero Namens- als geburtstag[1] bey Cannabich[2] auf dem Clavier spiellen. für heüte kann ich nichts als ihnen, Mon trés cher Pére, alles vom ganzen herzen wünschen, was ich ihnen alle tage, Morgens und abends wünsche. gesundheit, langes leben, und ein fröhliches gemüth. ich hoffe auch, daß sie iezt weniger verdruß haben, als da ich noch in Salzburg war; denn ich muß bekennen, daß ich die einzige ursach war. man gieng mit mir schlecht um; ich verdiente es nicht. sie nahmen natürlicherweis antheil – – aber zu sehr. sehen sie, das war auch die gröste und wichtigste ursache warum ich so vom Salzburg weg eilte. ich hoffe auch mein wunsch ist erfüllet. Nun muß ich mit einer Musikalischen gratulation schliessen. ich wünsche ihnen, daß sie so vielle jahre leben möchten, als man jahre braucht, um gar nicht neües mehr in der Musick machen Zu können. Nun leben sie recht wohl; ich bitte sie recht unterthänig mich noch ein bischen lieb zu haben, und mit diesen schlechten glückswunsch unterdessen verlieb zu nehmen, bis in meinem engen und kleinen Verstandskasten neüe schubladen

1 *sowohl für dero Namens- als geburtstag*: Der Vater hat 58. Geburtstag. | 2 *Cannabich*: Johann Christian Cannabich, in Mannheim tätiger Komponist.

gemacht werden, wo ich den verstand hinthun kann, den ich noch zu bekommen im sinn habe. ich küsse dem Papa 1000 mahl die hände, und verbleibe bis in Tod

Mon trés cher Pére[1]
gehorsamster sohn
wolfgang Amadé Mozart

Mannheim den 8:ten Nov:bre
1777

Mozart an sein »Bäsle«

iezt schreib ihr einmahl einen gescheiden brief, du kannst dessentwegen doch spass darein schreiben, aber so, dass du alle die briefe richtig erhalten hast; so darf sie sich nicht mehr sorgen, und kümmern.

Ma trés chére Niéce! Cousine! fille!
Mére, Sœur, et Epouse![2]

Poz Himmel Tausend sakristey, Cruaten schwere noth, teüfel, hexen, truden, kreüz-Battalion und kein End, Poz Element, luft, wasser, erd und feüer, Europa, asia, affrica und America, jesuiter, Augustiner, Benedictiner, Capuciner, minoriten, franziscaner, Dominicaner, Chartheüser, und heil: kreüzer herrn, Cano-

1 *Mon très cher Pére*: Mein sehr lieber Vater. | 2 *Ma trés chére Niéce! Cousine! fille! Mére, Sœur, et Epouse!* : Mozart spielt mit Verwandtschaftsgraden: Meine liebe Nichte! Cousine! Tochter! Mutter, Schwester und Ehefrau.

nici Regulares und iregulares, und alle bärnhäüter, spizbuben, hundsfütter, Cujonen und schwänz übereinander, Eseln, büffeln, ochsen, Narrn, dalcken und fuxen! was ist das für eine Manier, 4 soldaten und 3 Bandelier? – – so ein Paquet und kein Portrait[1]? – – ich war schon voll begierde – – ich glaubte gewis – – denn sie schrieben mir ja unlängst selbst, daß ich es gar bald, recht gar bald bekommen werde. Zweifeln sie vielleicht ob ich auch mein wort halten werde? – – das will ich doch nicht hoffen, daß sie daran zweifeln! Nu, ich bitte sie, schicken sie mir es, je ehender, je lieber. es wird wohl hoffentlich so seyn, wie ich es mir ausgebeten habe, nemlich in französischen aufzuge.
wie mir Mannheim gefällt? – – so gut einen ein ort ohne bääsle gefallen kan. Verzeihen sie mir meine schlechte schrift, die feder ist schon alt, ich scheisse schon wircklich bald 22 jahr aus den nemlichen loch, und ist doch noch nicht verissen! – und hab schon so oft geschissen – – und mit den Zähnen den dreck abbissen.
Ich hoffe auch sie werden in gegentheil, wie es auch so ist, meine briefe richtig erhalten haben. nemlich einen von hohenaltheim, und 2 von Mannheim, und dieser; wie es auch so ist, ist der dritte von Mannheim, aber im allen der 4:[te], wie es auch so ist. Nun muß ich schliessen, wie es auch so ist, denn ich bin noch nicht angezogen, und wir essen iezt gleich, damit wir hernach wieder scheissen, wie es auch so ist; haben sie mich noch immer so lieb, wie ich sie, so werden wir niemahlen aufhören uns zu lieben wenn auch der löwe rings-herum in Mauern schwebt, wenn schon des zweifels harter Sieg nicht wohl bedacht gewesen, und die tirranney der wütterer in abweg ist geschliechen, so

1 *kein Portrait*: Das »Bäsle« hatte ihm ein Portrait versprochen.

frist doch Codrus der weis Philosophus[1] oft roz für haber Muß, und die Römmer, die stüzen meines arsches, sind immer, sind stehts gewesen, und werden immer bleiben – – kastenfrey.

votre

trés affectioné Neveu et Cousin
Wolfg: Amadé Mozart

Mannheim le 13 Nomv:
1777.

Mozart an sein »Bäsle«

[Mannheim, den 3. Dezember 1777]

Ma très chère Cousine!

Bevor ich Ihnen schreibe, muß ich aufs Häusel gehen – – – ietzt ist's vorbey! ach! – – nun ist mir wieder leichter ums Herz! – jetzt ist mir ein Stein vom Herzen – nun kann ich doch wieder schmausen! – nu, nu, wenn man sich halt ausgeleert hat, ist's noch so gut leben. Ich hätte Dero Schreiben vom 25ten Nov. richtig erhalten, wenn Sie nicht geschrieben hätten daß Sie Kopf-, Hals- und Arm-Schmerzen gehabt hätten, und daß Sie ietzt nun, dermalen, alleweil, den Augenblick keine Schmerzen mehr haben, so habe ich Dero Schreiben vom 26ten Nov: richtig erhalten. Ja, ja, meine allerliebste Jungfer Baas, so geht es auf dieser Welt; einer hat den Beutel, der andere das Geld, mit was halten Sie es? – – mit der [gezeichnete Hand], nicht wahr? Hur sa sa, Kupfer-

1 *so frist doch Codrus der weis Philosophus*: Mozart spielt auf ein Schauspiel an, das er eben liest: »Codrus oder Muster der Vaterlandsliebe« von Friedrich Freiherr von Cronegk.

schmied[1], halt mir's Mensch, druck mir's nit, halt mir's Mensch, druck mir's nit, leck mich im Arsch, Kupferschmied, ja und das ist wahr, wers glaubt, der wird seelig, und wer's nicht glaubt, der kommt in Himmel; aber schnurgerade und nicht so, wie ich schreibe. Sie sehen also daß ich schreiben kann, wie ich will, schön und wild, grad und krumm. Neulich war ich übels Humors, da schrieb ich schön, gerade und ernsthaft; heute bin ich gut aufgereimt, da schreib ich wild, krumm und lustig; ietzt kommts nur darauf an was Ihnen lieber ist, – – unter den beyden müssen Sie wählen, denn ich hab kein Mittel, schön oder wild, grad oder krumm, ernsthaft oder lustig, die 3 ersten Wörter oder die 3 letzten; ich erwarte Ihren Entschluß im nächsten Brief. Mein Entschluß ist gefaßt; wenn mir noth ist, so gehe ich, doch nach dem die Umstände sind wenn ich das laxiren[2] habe, so lauf ich und wenn ich gar nicht mehr halten kann, so scheiß ich in die Hosen. Behüte dich Gott Fuß, auf dem Fenster liegt d' Hachsen[3]. Ich bin Ihnen Euer liebten Freüllen Baas sehr verbunden für das Compliment von Euer Freüllen Freysinger, welches auszurichten Euer liebten Frl. Juliana so gütig gewesen ist. – Sie schreiben mir, ich wüßte zwar noch viel, aber zu viel ist zu viel; – in einem Briefe gebe ich es zu, daß es zu viel ist, aber nach und nach könnte man viel schreiben; verstehen Sie mich, wegen der Sonata muß man sich noch ein wenig mit Geduld bewaffnen. Wenns fürs Bäsle gehört hätte, so wäre sie schon längst fertig – – und wer weiß ob die Mad[selle] Freysinger noch daran denkt – – ohngeacht dessen werde ich sie doch so bald möglich machen, einen Brief darzu schreiben und mein liebes Bääsle bitten,

1 *Hur sa sa, Kupferschmied*: Zeile aus einem Tanzlied. | 2 *laxiren*: Druck auf den Darm. | 3 *d'Hachsen*: das Bein.

alles richtig zu übermachen. A propos seit ich von Augsburg weg bin, habe ich nicht Hosen ausgezogen; – außer des Nachts bevor ich ins Bett gehe. Was werden Sie wohl denken, daß ich noch in Mannheim bin, völlig drinn. Das macht, weil ich noch nicht abgereiset bin, nirgends hin! Doch ietzt glaub ich wird Mannheim bald abreisen. Doch kann Augsburg von Ihnen aus noch immer nach mir schreiben und den Brief an Mannheim addressiren bis auf weitere Nachricht. Der Herr Vetter, Fr: Baas und Jungfr: Baas empfiehlt sich meiner Mamma und mir. Sie waren schon in Aengsten, daß wir etwa krank wären, weil sie so lang keinen Brief von uns bekommen haben. Vorgestern sind sie endlich mit unserm Brief vom 26ten Nov. erfreuet worden und heute als den 3ten Decebr. haben Sie das Vergnügen mir zu antworten. Ich werde Ihnen also das Versprochene halten? – Nu das freut Sie. Vergessen Sie nur auch nicht München nach der Sonata zu komponiren, denn was man einmal gehalten hat, muß man auch versprechen, man muß allezeit Wort von seinem Mann seyn. – Nun aber gescheut.

Ich muß Ihnen geschwind etwas erzehlen: ich habe heute nicht zu Hause gespeist, sondern bey einem gewissen Mons. Wendling; nun müssen Sie wissen, daß der allzeit um halb 2 Uhr ißt, er ist verheyrathet und hat auch eine Tochter, die aber immer kränklich ist. Seine Frau singt auf der zukünftigen Opera, und Er spielt die Flöte. Nun stellen Sie sich vor, wie es halb 2 Uhr war, setzten wir uns alle, bis auf die Tochter welche im Bette blieb, zu Tisch und aßen.

An alle gute Freund und Freundinnen von uns beyden einen ganzen Arsch voll Empfehlungen. An Dero Eltern steht es Pag. 3 Zeile 12. Nun weiß ich nichts mehr Neues, als daß eine alte Kuh einen neuen Dreck geschißen hat; und hiermit addieu Anna

Maria Schlosserin geborne Schlüsselmacherin. Leben Sie halt recht wohl und haben Sie mich immer lieb; schreiben Sie mir bald, denn es ist gar kalt; halten Sie Ihr Versprechen, sonst muß ich mich brechen. addieu, mon Dieu, ich küsse Sie tausendmal und bin knall und fall

Mannheim
ohne Schleim
den 3ten Decembr.
heut ist nicht Quatembr:
1777 zur nächtlichen Zeit
von nun an bis in Ewigkeit
Amen.

Ma très chère Cousine
waren Sie nie zu Berlin?
Der aufrichtige wahre Vetter
bei schönen und wilden Wetter
W. A. Mozart
Sch: scheißen: das ist hart.

Die Zauberflöte

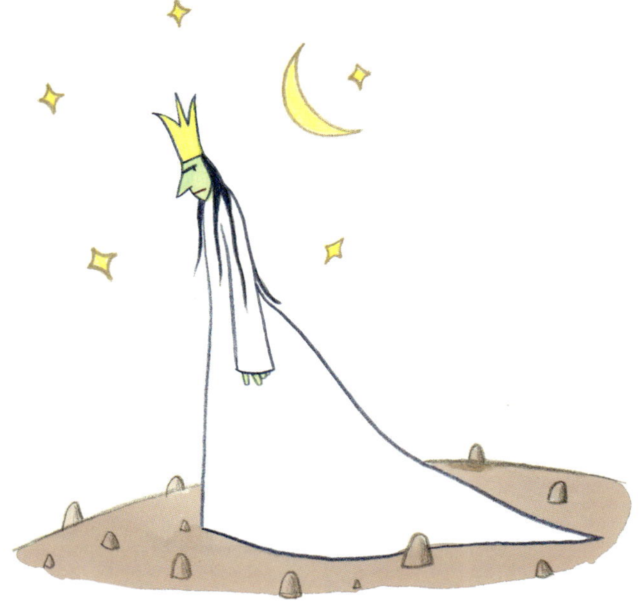

Mozarts letzte Oper
Uraufführung 1791

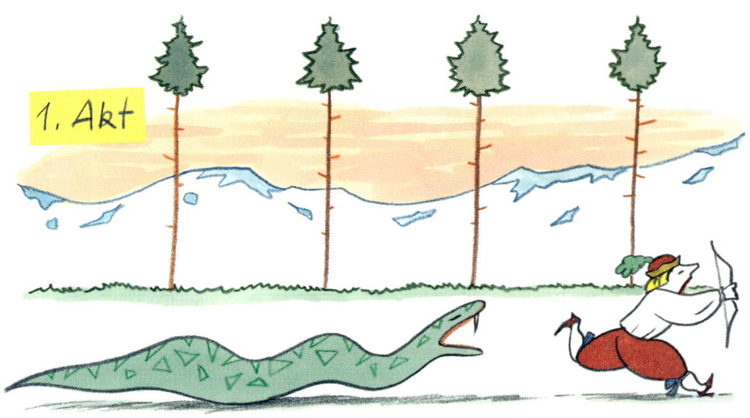

Prinz Tamino flieht laut schreiend vor einer Riesenschlange und wird von 3 Damen gerettet. Vor Schreck fällt er in Ohnmacht.

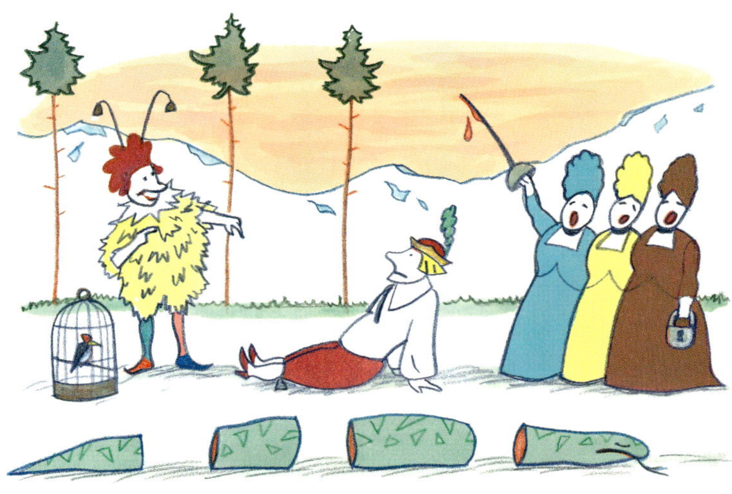

Der Vogelfänger Papageno tritt auf und behauptet frech, *er* habe die Schlange getötet. Dafür verschließen die 3 Damen sein Lügenmaul mit einem Vorhängeschloß!

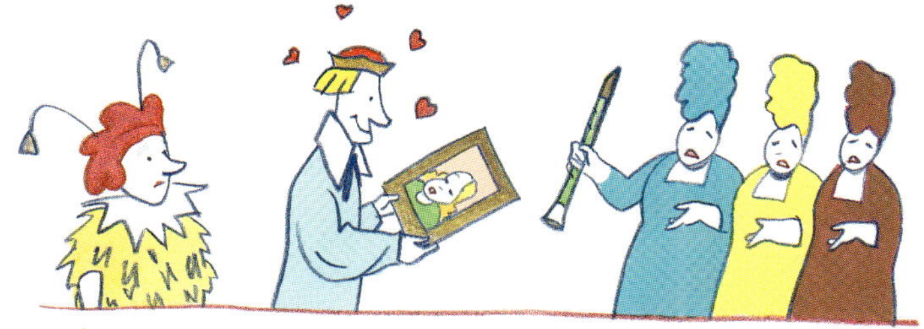

Pamina, die Tochter der Königin der Nacht, ist entführt worden. Tamino soll sie finden. Dazu bekommt er ihr Bild und eine Zauberflöte. „Dies Bildnis ist bezaubernd schön!" jubelt er und will nur noch eins: „Pamina retten!"

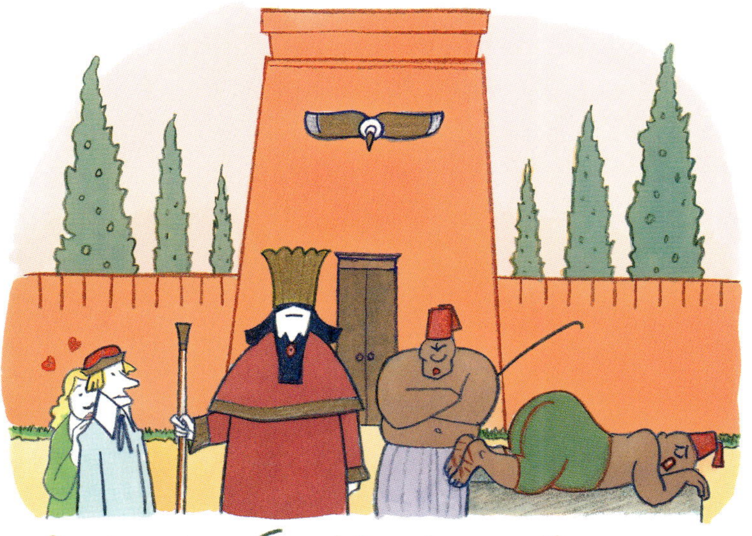

Pamina wird im Tempel Sarastros von Monostatos bewacht. Der ertappt das Liebespaar bei der Flucht und verlangt dessen Bestrafung. Doch Sarastro überlegt es sich anders und läßt Monostatos 77 Hiebe auf die Fußsohlen geben. Sonderbar!

2. Akt

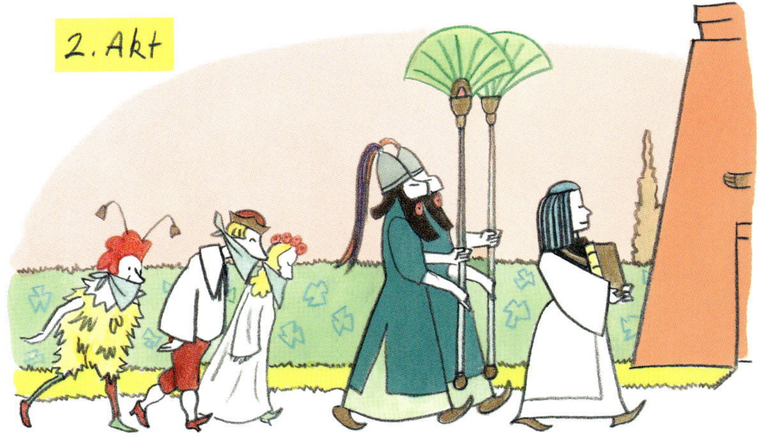

Sarastro befiehlt, daß Prinz Tamino, Pamina und Papageno in den Tempel eingeführt werden und 3 Prüfungen bestehen müssen. Erstmal sollen sie schweigen, was besonders Papageno nicht schmeckt!

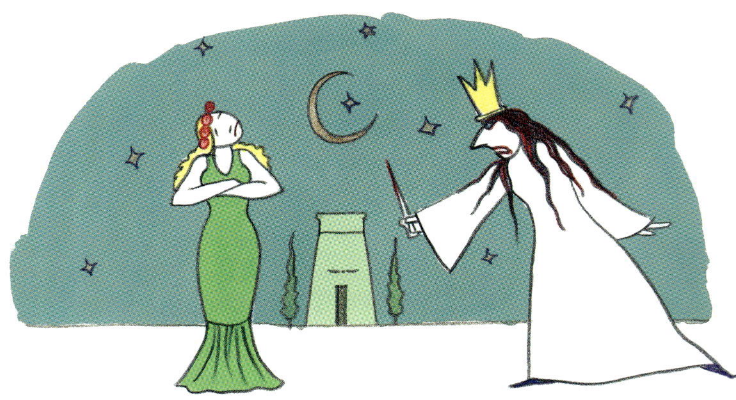

Als Sarastro den Prinzen Tamino zu seinem Nachfolger bestimmt, rastet die Königin der Nacht aus und verlangt, daß Pamina den Hohepriester erdolcht! Das sieht Pamina überhaupt nicht ein!

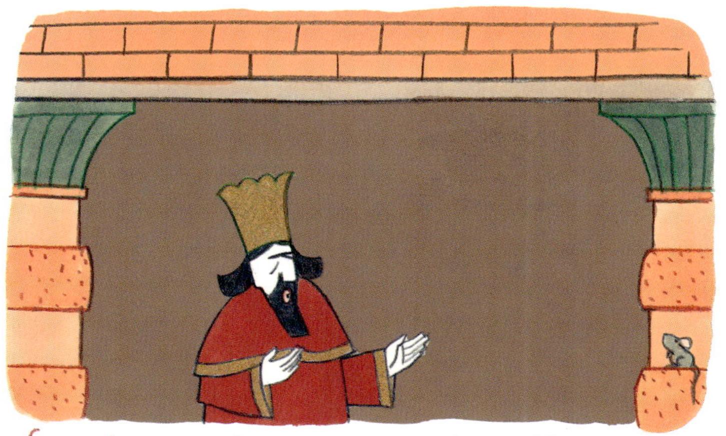

Sarastro ist schwer verbittert, aber er läßt sich nichts anmerken und singt mit feierlicher Stimme: „In diesen heil'gen Hallen / kennt man die Rache nicht."

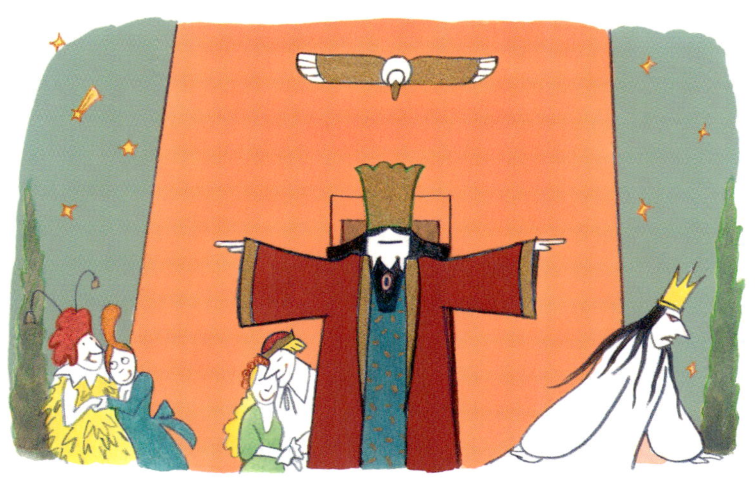

Am Ende hat auch der lustige Papageno seine Papagena gefunden, mit der er sich „viele, viele Kinderlein" wünscht. Sarastro verzeiht allen, außer der Königin der Nacht. Die hat ihn zu sehr geärgert!

1778 23.1. bis 2.2. Ausflug mit Familie Weber nach Kirchheimbolanden; Konzerte bei Prinzessin Caroline von Nassau-Weilburg.

13.2. und 12.3. Hauskonzerte bei dem berühmten Komponisten Johann Christian Cannabich.

Februar: Mozart plant mit Aloisia Weber Konzertreisen durch Europa; briefliche Weisung des Vaters, die Beziehung abzubrechen (»Fort mit dir nach Paris!«).

23.3. Ankunft in Paris.

11.6. Uraufführung »Les petits riens« (Ballettmusik).

18.6. Uraufführung »Pariser Sinfonie« D-Dur.

Juni/Juli: Erkrankung und Tod der Mutter, Beerdigung am 4.7.

August: Wiedersehen mit J. Chr. Bach.

17., 24. und 31.10. Konzerte in Straßburg.

6.11. Mannheim, erfolglose Stellensuche.

25.12. München; Aloisia Weber, inzwischen Sängerin an der Oper, weist Mozart ab.

Werke: »Pariser Sinfonie« D-Dur; Flötenkonzerte; Arien; Klaviersonaten und -variationen (?).

Mozart an sein »Bäsle«

[Mannheim, den 28. Februar 1778]

Mademoiselle

ma trés chére Cousine!

sie werden vielleicht glauben oder gar meynen ich sey gestorben! – – ich sey Crepirt? – oder verreckt? – doch nein! meynen sie es nicht, ich bitte sie; denn gemeint und geschissen ist zweyerley! – wie könnte ich denn so schön schreiben wenn ich tod wäre? – wie wäre das wohl möglich? – – – wegen meinem so langen stillschweigen will ich mich gar nicht entschuldigen, denn sie würden mir so nichts glauben; doch, was wahr ist, bleibt wahr! – ich habe so viell zu thun gehabt, daß ich wohl zeit hatte, an das bäsle zu denken, aber nicht zu schreiben, mithin hab ichs müssen lassen bleiben.

Nun aber habe ich die Ehre, sie zu fragen, wie sie sich befinden und sich tragen? – ob sie noch offens leibs sind? – ob sie etwa gar haben den grind? – – ob sie mich noch ein bischen können leiden? – ob sie öfters schreiben mit einer kreiden? – ob sie noch dann und wan an mich gedencken? – ob sie nicht bisweilen lust haben sich aufzuhencken? – ob sie etwa gar bös waren? auf mich armen narrn; ob sie nicht gutwillig wollen fried machen, oder ich lass bei meiner Ehr einen krachen! doch sie lachen – – victoria! – – unsre arsch sollen die friedens-zeichen seyn! – ich dachte wohl, daß sie mir nicht länger wiederstehen könnten. ja ja, ich bin meiner sache gewis, und sollt ich heut noch machen einen schiss, obwohl ich in 14 Tägen geh nach Paris. wenn sie mir also wolln antworten, aus der stadt Augsburg dorten, so schreiben sie mir baldt, damit ich den brief erhalt, sonst wenn ich etwa schon bin weck, bekomme ich statt einen brief einen dreck. dreck! – – dreck! – o dreck! – o süsses wort! – dreck! – schmeck! – auch schön! – dreck, schmeck! – dreck! – leck – o charmante! – dreck, leck! – das freüet mich! – dreck, schmeck und leck! – schmeck dreck, und leck dreck! – – Nun um auf etwas anders zu kommen; haben sie sich diese fasnacht schon braf lustig gemacht. in augsburg kann man sich dermalen lustiger machen als hier. ich wollte wünschen ich wäre bey ihnen, damit ich mit ihnen recht herumspringen könnte. Meine Mama und ich, wir empfehlen uns beyde dem H: Vatter und frau Mutter, nebst dem bäsl, und hoffen das sie alle 3 recht gesund und wohlauf seyn mögen. wir sind es gott lob und danck. das glaub nicht. desto besser, besser desto. apropós: wie stehts mit der französischen sprache? – darf ich bald einen ganz französischen brief schreiben? – von Paris aus, nicht wahr? – sagen sie mir doch, haben sie den spunicunifait[1] noch? – das glaub ich. Nun muß ich ihnen doch noch bevor ich schliesse, denn ich muß bald endigen, weil ich Eile habe, denn ich habe izt just gar nichts zu thun; und dann auch, weil ich keinen Plaz mehr habe, wie sie sehen; das Papier ist schon bald gar; und müd bin ich auch schon; die finger brennen mich ganz vor lauterschreiben; und endlich auch wüst ich nicht, wenn auch wircklich noch Plaz wäre, was ich noch schreiben sollte, als die historie, die ich ihnen zu erzählen in sinn habe. hören sie also. es ist noch nicht lange, das es sich zugetragen hat; es ist hier im land geschehen. es hat auch hier viell aufsehens gemacht, denn es scheint ohnmöglich; man weis auch, unter uns gesagt, den ausgang von der sache noch nicht. also, kurz zu sagen, es war, etwa 4 stunde von hier, das ort weis ich nicht mehr

1 *spunicunifait*: keinen Platz mehr.

– – es war halt ein dorf oder so etwas; Nu, das ist endlich ein ding, ob es tribsterill wo der dreck ins meer rinnt, oder burmesquick wo man die krummen arschlöcher dräht, war; mit einem wort, es war halt ein ort. da war ein hirt oder schäfer, der schon ziemlich alt war, aber doch noch robust und kräftig dabey aussah; der war ledig, und gut bemittelt, und lebte recht vergnügt. ja, das muß ich ihnen noch vorher sagen, ehe ich die geschichte auserzähle, er hatte einen erschröcklichen ton, wen er sprach; man muste sich allzeit fürchten, wenn man ihn reden hörte. Nu, um kurz von der sache zu reden, so müssen sie wissen – er hatte auch einen hund den er Bellot nannte, einen sehr schönen grossen hund, weis mit schwarzen flecken. Nu, eines tages, gieng er mit seinen schaafen daher, deren er 11 tausend unter sich hatte; da hatte er einen stock in der hand, mit einem schönen rosenfarben stockband. denn er gieng niemahlen ohne stock. das war schon so ein gebrauch; nun weiter. da er so eine gute stunde gieng, so war er müde, und sezte sich bey einen fluß nieder. Endlich schlief er ein, und da traumte ihm er habe seine schaaf verlohren, und in diesen schrocken erwachte er, und sahe aber zu seiner grösten freüde alle seine schaafe wieder. endlich stund er auf, und gieng wieder weiter, aber nicht lang; denn es wird kaum eine halbe stunde vorbeygegangen seyn, so kamm er zu einer brücke, die sehr lang war, aber auf beyden seiten gut geschützt war, damit man nicht hinab fallen könne; nu, da betrachtete er seine heerde; und weil er dann hinüber muste, so fieng er an seine 11 tausend schaaf hinüber zu treiben.

Nun haben sie nur die gewogenheit[1], und warten bis die 11 tausend schaaf drüben sind, dann will ich ihnen die ganze histori

1 *gewogenheit*: Freundlichkeit.

auserzählen. ich habe ihnen vorher schon gesagt, daß man den ausgang noch nicht weis. ich hoffe aber, daß, bis ich ihnen schreibe, sie gewis darüber sind; wo nicht, so liegt mir auch nichts daran; wegen meiner hätten sie herüben bleiben können. sie müssen sich schon unterdessen so weit begnügen; was ich davon gewust habe, das hab ich geschrieben. und es ist besser, daß ich aufgehört habe, als wenn ich etwas dazugelogen hätte. da hätten sie mir etwa die ganze schistori[1] nicht geglaubt aber so – – glauben sie mir doch – die halbe nicht. nun muß ich schliessen, ob es mich schon thut verdriessen, wer anfängt muß auch aufhören, sonst thut man die leute stöhren, an alle meine freünde mein Compliment, und wers nicht glaubt, der soll mich lekken ohne End, von nunan bis in Ewickeit, bis ich einmahl werd wieder gescheid. da hat er gwis zu lecken lang, mir wird dabey schier selbsten bang, ich fürcht der dreck der geht mir aus, und er bekommt nicht gnug zum schmaus. Adieu bääsle. ich bin, ich war, ich wär, ich bin gewesen, ich war gewesen, ich wär gewesen, o wenn ich wäre, o daß ich wäre, wollte gott ich wäre, ich wurde seyn, ich werde seyn, wenn ich seyn würde, o das ich seyn würde, ich wurde gewesen, ich werde gewesen seyn, o wenn ich gewesen wäre, o daß ich gewesen wäre, wolltegott ich wäre gewesen, was? – ein stockfisch.

addieu ma chére Cousine, wohin? – ich bin der nämlich wahre vetter

Wolfgang Amadé Mozart

Mannheim den 28ten *feb*[ro] 1778

1 *schistori*: von Mozart erfundenes Wort. In seinem Sinn: Kackgeschichte.

Krankheiten unterwegs: Die Reisen zehrten an den Kräften. Vater Leopold musste die Kinder manchmal stützen, hätscheln und trösten. Denn sie konnten nicht mehr. »Müde, müde«, schreibt Wolfgang erschöpft von langen Reisen, schwierigen Gesprächen mit Erwachsenen, dem Komponieren und Konzertieren. Das war ein aberwitzig langer Arbeitstag. Wer so angestrengt wird, ist anfällig für Krankheiten. Wolfgang und Nannerl waren wiederholt krank. Berühmt ist ihr Aufenthalt beim Bischof von Olmütz, als sie Blattern – das sind Pocken – bekamen, fieberten und litten. Der Bischof sorgte für Pflege und saubere Betten. Wer, wie Wolfgang, viel erlitt, der konnte auch mit dem Leiden umgehen. Als die Mutter auf einer Reise nach Paris im Hotel erkrankte, wusste er Bescheid, wie ihr zu helfen war. Aus lauter Fürsorge teilte er dem Vater in Salzburg den Tod seiner Frau nicht mit, sondern einem Freund. Hier merkt man, mit welchem Ernst der Spaßvogel Wolfgang lebte.

Mozart an seinen Vater

Paris, 3. Juli 1778

Monsieur
mon trés cher Pére!

Ich habe ihnen eine sehr unangenehme und Trauerige nachricht zu geben, die auch ursach ist, daß ich auf ihren lezten von 11ten Datirt, nicht eher habe antworten können. –

Meine liebe Mutter ist sehr kranck – sie hat sich, wie sie es gewohnt war, adergelassen, und es war auch sehr nothwendig; es war ihr auch ganz gut darauf – doch einige täge darnach klagte sie frost, und auch gleich hitzen – bekamm den durchlauf, kopfwehe – anfangs brauchten wir nur unsere hausmitteln, Antispasmotisch[1] Pulver, wir hätten auch gerne das schwarze gebraucht, es mangelte uns aber, und wir konnten es hier nicht bekommen, es ist auch unter den nammen Pulvis epilepticus nicht bekandt. – weil es aber immer ärger wurde – sie hart reden konnte, das gehör verlor, so daß man schreyen muste, – so schickte der Baron *grim* seinen Doctor her – sie ist sehr schwach, hat noch hitzen, und Phantasirt – man giebt mir hofnung; ich habe aber nicht viell – ich bin nun schon lange Tag und nacht zwischen forcht und hofnung – ich habe mich aber ganz in willen gottes gegeben – und hoffe sie und meine liebe schwester werden es auch thun; was ist denn sonst für ein Mittel um ruhig zu seyn? – ruhiger, sage ich, denn ganz kann man es nicht seyn; – ich bin getröstet, es mag ausfallen wie es will – weil ich weis daß es gott, der alles wens uns noch so quer vorkömmt zu unsern besten anordnet, so haben will; denn ich glaube und dieses lasse

1 *Antispasmotisch*: krampfmindernd.

ich mir nicht ausreden daß kein Doctor, kein mensch, kein unglück, kein zufall, einem menschen das leben geben, noch nehmen kann, sondern gott allein – das sind nur die instrumenten deren er sich meistentheils bedienet, – und auch nicht allzeit – wir sehen ja daß leüte umsincken, umfallen und tod sind – wenn einmahl die zeit da ist, so nutzen alle mitteln nichts, sie befördern eher den tod als daß sie ihn verhindern – wir haben es ja an seeligen freünd Hefner gesehen! – ich sage dessentwegen nicht daß meine Mutter sterben wird und sterben muß, daß alle hofnung verloren sey – sie kann frisch und gesund werden, aber nur wenn gott will – ich mache mir, nachdemme ich aus allem meinen kräften um die gesundheit und leben meiner lieben mutter zu meinen gott gebetten habe, gerne solche gedancken, und tröstungen, weil ich mich hernach mehr beherzt, ruhiger und getröst finde – denn sie werden sich leicht vorstellen daß ich dieß brauche! – nun etwas anders; verlassen wir diese trauergedancken. hoffen wir, aber nicht zu viell; haben wir unser vertrauen auf gott, und trösten wir uns mit diesem gedancken, daß alles gut gehet, wenn es nach den willen des allmächtigen geht, indemm er an besten weis was uns allen sowohl zu unsern zeitlichen und Ewigen glück und heyl erspriesslich und nutzbar ist – [...]

Ich bin dero gehorsamster Sohn

Wolfgang Amadè Mozart

Mozart an Abbé Joseph Bullinger

Paris, 3. Juli 1778

Allerbester freünd!
für sie ganz allein.

Trauern sie mit mir, mein freünd! – dies war der Trauerigste Tag in meinen leben – dies schreibe ich um 2 uhr nachts – ich muß es ihnen doch sagen, meine Mutter, Meine liebe Mutter ist nicht mehr! – gott hat sie zu sich berufen – er wollte sie haben, das sahe ich klar – mithin habe ich mich in willen gottes gegeben – Er hatte sie mir gegeben, er konnte sie mir auch nehmen. stellen sie sich nur alle meine unruhe, ängsten und sorgen vor die ich diese 14 täge ausgestanden habe – sie starb ohne das sie etwas von sich wuste – löschte aus wie ein licht. sie hat 3 Täge vorher gebeichtet, ist Comunicirt[1] worden, und hat die heilige öehlung bekommen – – die lezten 3 täge aber phantasirte sie beständig, und heüt aber um 5 uhr 21 minuten griff sie in Zügen, verlohr alsogleich darbey alle empfindung und alle sinne – ich druckte ihr die hand, redete sie an – sie sahe mich aber nicht, hörte mich nicht, und empfand nichts – so lag sie bis sie verschied, nemlich in 5 stunden um 10 Uhr 21 minuten abends – es war niemand darbey, als ich, ein guter freünd von uns den mein vatter kennt H: Haina, und die wächterin – die ganze kranckheit kann ich ihnen heüte ohnmöglich schreiben – ich bin der Meynung daß sie hat sterben müssen – gott hat es so haben wollen. ich bitte sie unterdessen um nichts als um das freünd-stück, daß sie meinen armen vatter ganz sachte zu dieser trauerigen nachricht bereiten – ich habe ihm mit der nehmlichen Post ge-

1 *Comunicirt*: Kommunion und Letzte Ölung: für Katholiken vor dem Sterben priesterliche Handlungen.

schrieben – aber nur daß sie schwer krank ist – warte dann nur auf eine antwort – damit ich mich darnach richten kann. gott gebe ihm stärcke und muth! – mein freünd! – ich bin nicht izt, sondern schon lange her getröstet! – ich habe aus besonderer gnade gottes alles mit standhaftigkeit und gelassenheit übertragen. wie es so gefährlich wurde, so batt ich gott nur um 2 dinge, nemlich um eine glückliche sterbstunde für meine Mutter, und dann für mich um stärcke und muth – und der gütige gott hat mich erhört, und mir die 2 gnaden im grösten maaße verliehen.
ich bitte sie also, bester freünd, erhalten sie mir meinen vatter, sprechen sie ihm muth zu daß er es sich nicht gar zu schwer und hart nimmt, wenn er das ärgste erst hören wird. Meine schwester empfehle ich ihnen auch von ganzen herzen – gehen sie doch gleich hinaus zu ihnen, ich bitte sie – sagen sie ihnen noch nichts daß sie Tod ist, sondern prepariren sie sie nur so dazu – Thun sie was sie wollen, – wenden sie alles an – machen sie nur daß ich ruhig seyn kan – und daß ich nicht etwa ein anderes unglück noch zu erwarten habe. – Erhalten sie mir meinen lieben vatter, und meine liebe schwester. geben sie mir gleich antwort ich bitte sie. – Adieu, ich bin dero

gehorsamster danckbarster Diener
Wolfgang Amadé Mozart.

Mozart an sein »Bäsle«

kaysersheim den 23ten: *dec.*
1778.

Ma trés cher Cousine!
in gröster Eyl – und mit vollkomenster Reüe und leid, und steifen Vorsatz schreibe ich ihnen, und gieb ihnen die Nachricht, daß ich morgen schon nach München abreise; – liebstes bäsle, sey kein häsle – ich wäre sehr gerne nach augsburg das versichere ich sie, allein der H: Reichs-Prälat[1] hat mich nicht weggelassen, und ich kann ihn nicht hassen, denn das wäre wieder das gesez gottes und der Natur, und wers nicht glaubt ist eine h–r; mithin ist es halt einmal so, – vielleicht komme ich von münchen auf einen sprung nach augsburg; allein es ist nicht so sicher; – wenn sie so viell freüd haben mich zu sehen wie ich ihnen, so kommen sie nach München in die werthe stadt – schauen sie daß sie vorm Neüen jahr noch drinn sind, so will ich sie dann betrachten vorn und hind – will sie überall herum führen, auch wenns nothwendig ist kristiren[2] – doch nur eines ist mir leid, daß ich sie nicht kann logiren: weil ich in keinen wirthshaus bin, sondern wohne bey – ja wo? – das möcht ich wissen; – Nun spassssss à part – just dessentwegen ist es für mich sehr nothwendig daß sie kommen – sie werden vielleicht eine grosse Rolle zu spiellen bekommen – also kommen sie gewis, sonst ist ein schys; ich werde alsdan in eigner hoherperson ihnen Complimentiren, ihnen den arsch Petschieren, ihre hände küssen, mit der hintern büchse schiessen, ihnen Embrassiren,

1 *Reichs-Prälat*: Vom Papst eingesetzter hochrangiger Priester: sein Botschafter. | 2 *kristieren*: klistieren.

sie hinten und vorn kristiren, ihnen, was ich ihnen etwa alles schuldig bin, haarklein bezahlen, und einen wackeren furz lassen erschallen, und vielleicht auch etwas lassen fallen – Nun adieu – mein Engel mein herz

ich warte auf sie mit schmerz

schreiben sie mir nur gleich nach München *Poste restante*
ein kleines briefchen von 24 bögen, aber
schreiben sie nicht hinein wo sie logiren werden,
damit ich sie, und sie mich nicht finden; –
P:S: Scheis – dibitari der pfarer zu Rodempl
hat sein köchin im arsch geleckt, ein andern zum Exempl;

Vivat – vivat –

1779 7.1. Mozart überreicht der Kurfürstin Elisabeth Auguste in München die ihr gewidmeten, in Paris gedruckten Violinsonaten.

Mitte Januar: Ankunft in Salzburg.

17.1. Ernennung zum Domorganisten.

23.3. Vollendung der »Krönungsmesse« C-Dur.

Werke: Sinfonie B-Dur; Konzertante Sinfonie Es-Dur; »Posthorn-Serenade« D-Dur; Konzert für zwei Klaviere und Orchester Es-Dur; Orchester- und Kammermusik; »Krönungsmesse« C-Dur.

Mozart an sein »Bäsle«

De Salsbourg / a Mademoiselle / Mademoiselle Marie / Anne de Mozart ph: / a / Augsbourg / In Schwaben. / Abzugeben in der / Jesuiten Gassen / Par Munic

liebstes, bestes,
schönstes, liebenswürdigstes,
reizendstes,
von einem unwürdigen Vetter
in Harnisch gebrachtes[2]
bässchen.
oder
Violoncellchen[3]! –

Salsbourg den 10ten May
1709ni[1]
blass mir hint' aini.
– : –
gut ists
wohl bekomms.

Ob ich Joannes Chrisostomus Sigismundus Amadeus Wolfgangus Mozartus wohl im stande seyn werde, den ihre reizende schönheit |: visibilia und invisibilia[4] :| gewis um einen guten Pantofel-absatz erhöhenden Zorn zu stillen, mildern, oder zu besänftigen, ist eine frage die ich aber auch beantworten will: – besänftigen will so viel sagen, als Jemand in einer sänfte sanft tragen – ich bin von natur aus sehr sanft, und einen senf esse ich auch gern, besonders zu dem Rindfleisch – mithin ist es schon richtig mit leipzig: obwohl der M:r feigelrapèe durchaus behaupten oder vielmehr beköpfen will, daß aus der Pastette[5] nichts werden soll – und das kann ich Ja ohnmöglich glauben – es wäre

1 *1709ni*: richtig: 1779. | 2 *in harnisch gebrachtes*: sprichwörtlich: meint in Abwehr gebracht. | 3 *Violoncellchen*: kleines Cello. Hier spielt Mozart mit Verkleinerungen. | 4 *visibilia und invisibilia*: sichtbar und unsichtbar. | 5 *Pastette*: Pastete.

auch nicht der mühe werth daß man sich darum bückte – Ja wenn es ein beutel voll Conventions-kreutzer wäre – da könte man so was endlich aufklauben, heben, oder langen. – drum, wie ich gesagt habe, ich könnt es nicht anders geben, das ist der Nächste Preis – handeln lass ich nicht, weil ich kein Weibsbild bin; und hiemit Holla! Ja mein liebes violoncellchen! so geht und steht es auf der Welt, einer hat den beutel, und der andere hat das geld, und wer beydes nicht hat, hat nichts, und nichts ist so viel als sehr wenig, und wenig ist nicht viel, folglich ist nichts immer weniger als wenig, und wenig immer mehr als nicht viel, und viel immer mehr als wenig, und – so ist es, so war es, und so wird es seyn. mach ein End dem brief, schliess ihn zu, und schick ihn fort an ort und End – *feigele*:

dero gehorsamster unterthänigster diener
mein arsch ist kein Wiener

Latus hinüber V: S:[1]

P: S: Ist die Böhmische[2] trup schon weck – sagen sie mirs, meine Beste, ich bitte sie um Himmelswillen! ach! – – – Sie wird nun in ulm seyn, nicht wahr? O, überzeugen sie mich dessen, ich beschwöre sie bey allem was heilig ist – die götter wissen es, daß ich es aufrichtig meine

lebt's thüremichele[3] noch? –
blass mir ins loch.

1 *V:S:* Vertetur subito, das heißt: Wende sofort. Ein Ausdruck aus Leopold Mozarts Geigenschule. | 2 *Böhmische*: Ein Schauspieler namens Böhm mit seinen Freunden. | 3 *thüremichele*: die Figur des Heiligen Michael über der Uhr am Ulmer Stadttor.

Wie hat sich Vogt mit seiner frau vertragen? –
haben sie sich einander nicht schon gekriegt beym kragen?

lauter fragen.
  Eine Zärtliche Ode! –
Dein süsses Bild, O Bäschen,
schwebt stets um meinen Blick
allein in trüben Zähren
daß du – – es selbst nicht bist.
Ich sehe es wenn der abend
mir dämmert, wen der Mond
mir glänzt, seh ichs und – weine
daß du – – es selbst nicht bist.
Bey Jenen Thales Blumen
die ich ihr leesen will,
bey Jenen Myrtenzweigen
die ich ihr flechten will
beschwör ich dich Erscheinung
auf, und verwandle dich
Verwandle dich, Erscheinung
und werd – O Bääs'chen selbst.
  finis coronat opus[1], Edler v: *Sauschwanz*.

Meine und unser aller Empfehlung an ihren herrn hervorbringer und fr: hervorbringer – Nemlich an den der sich die Mühe gegeben hat, ihnen zu machen, und an diejenige die sichs hat thun lassen. Adieu – Adieu – Engel.
Mein Vatter giebt ihnen seinen Oncklischen Seegen. und meine

1 *finis coronat opus*: Ende des »königlichen Werks«.

schwester giebt ihnen tausend Cousinische küsse. und der Vetter giebt ihnen das was er ihnen nicht geben darf.

Adieu – Adieu – Engel.

Mit Nächster Ordinaire[1] werde mehr schreiben und zwar was recht Vernünftiges, und Nothwendiges und bey diesem hat es sein verbleiben, bis auf weiter ordre. Adieu – Adieu – Engel –

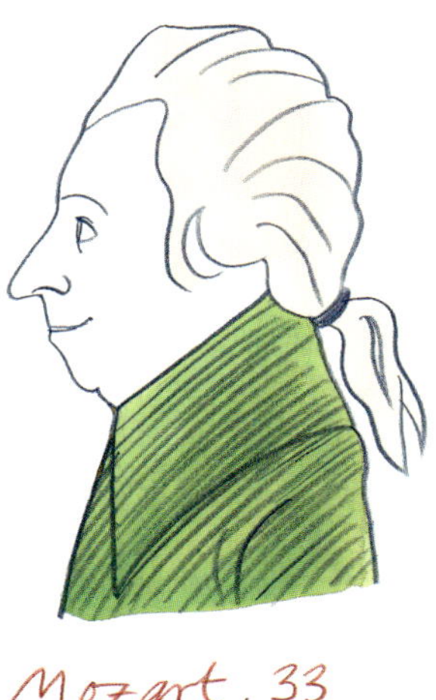

Mozart, 33

1 *Ordinaire*: gewöhnliche Post.

1780 2. bis 4. 9. Drei Auftritte Mozarts am Salzburger Hof (am 3. 9. gemeinsam mit Nannerl).

31. 10. Aloisia Weber heiratet in Wien den Hofschauspieler Joseph Lange.

6. 11. München.

November/Dezember: Proben zu »Idomeneo«.

Werke: Sinfonie C-Dur; Messe C-Dur; »Vesperae solennes de confessore«; Lieder; Menuette.

Tod Maria Theresias (29. 11.), Alleinherrschaft Josephs II.

1781 29. 1. Uraufführung »Idomeneo, Rè di Creta«, im Beisein Leopolds und Nannerls. Befehl des Salzburger Erzbischofs an Mozart, ihm nach Wien zu folgen; Abreise.

3. 4. Auftritt in einer Akademie der Tonkünstlersozietät in Wien.

April: Die Beziehung zum Erzbischof verschlechtert sich drastisch.

Anfang Mai: Mozart zieht zu seiner künftigen Schwiegermutter, Frau Weber.

9. 5. Bruch mit dem Erzbischof, Mozart kündigt.

8. 6. Ein »tritt im Hintern« vom Grafen Arco, einem Bedienten des Erzbischofs, besiegelt den Bruch.

30. 7. Mozart erhält das Textbuch zur »Entführung«.

24. 12. Wettspiel zwischen Mozart und Clementi.

Werke: »Idomeneo, Rè di Creta«, Opera seria von Giambattista Varesco; Arien; Sonaten und Variationen für Klavier und Violine.

1782 26. 5. Beginn der »Augarten-Konzerte« in Wien, Mitwirkung Mozarts.

16. 7. Uraufführung »Die Entführung aus dem Serail«.

3. 8. Ehekontrakt mit Constanze Weber.

4.8. Trauung im Stephansdom.
8.8. Mozart ist bei Gluck zum Essen eingeladen.
Werke: »Die Entführung aus dem Serail«, Singspiel von Gottlieb Stephanie d. J. nach Chr. Fr. Bretzner; »Haffner-Sinfonie« D-Dur; Serenade c-Moll; Klavierkonzerte: A-Dur; F-Dur; C-Dur; Streichquartett G-Dur; Quintett für Horn, Violine, Violen und Violoncello Es-Dur.

1783 11.3. Mitwirkung Mozarts in einer Akademie von Aloisia Lange.
23.3. Erfolgreiches Konzert im Burgtheater in Gegenwart des Kaisers.
17.6. Erster Sohn kommt zur Welt, stirbt bereits am 1. August.
Ende Juli: Mozart und Constanze fahren zu Besuch nach Salzburg (bis Oktober).
Oktober: Constanze Mozart singt in der Salzburger Peterskirche die Sopranpartie einer Messe.
27.10. Rückreise über Linz, dort Uraufführung der Sinfonie C-Dur (»Linzer«).
22.12. Mozart spielt im Konzert der Wiener Tonkünstlersozietät.
Werke: »Linzer Sinfonie« C-Dur; Konzerte für Horn und Orchester (beide Es-Dur), Streichquartette d-Moll; Es-Dur; Messe c-Moll.

1784 9.2. Mozarts erste Eintragung in sein »Verzeichnüß aller meiner Werke«.
17.3. Subskriptionskonzert im »Trattner-Saal«; Mozart gibt in 6 Wochen 22 Akademien.
23.8. Hochzeit Nannerls mit Johann Baptist von Berchtold zu Sonnenburg, Witwer mit mehreren Kindern, in St. Gilgen.
21.9. Zweiter Sohn Carl Thomas wird geboren, stirbt 1858 als österreichischer Staatsbeamter in Mailand.

14.12. Aufnahme Mozarts in die Freimaurerloge »Zur Wohltätigkeit«.
Werke: Klavierkonzerte: Es-Dur; B-Dur; D-Dur; G-Dur; B-Dur; F-Dur; Klavierquintett Es-Dur; Streichquartett B-Dur; Klaviervariationen.

1785 11.2. Ankunft des Vaters in Wien; Mozart spielt das tags zuvor beendete Klavierkonzert d-Moll.
12.2. In Mozarts Wohnung werden in Anwesenheit Haydns drei der ihm gewidmeten sechs Streichquartette aufgeführt.
Februar/März: zahlreiche Konzerte.
10.3. Akademie im Burgtheater.
13.3. Uraufführung »Davidde penitente« (Kantate).
25.4. Abreise des Vaters nach Salzburg.
23.12. Konzert der Tonkünstlersozietät; Mozart spielt das eine Woche zuvor komponierte Klavierkonzert Es-Dur.
Werke: Klavierkonzerte: d-Moll; C-Dur; Es-Dur; Streichquartette: A-Dur; C-Dur (gemeinsam mit den Streichquartetten G-Dur, d-Moll, Es-Dur und B-Dur erschienen und Joseph Haydn gewidmet); Klavierquartett g-Moll; Fantasie für Klavier c-Moll; Freimaurerkompositionen.

1786 7.2. Uraufführung »Der Schauspieldirektor«.
20.4. Abschluß der Komposition »Le nozze di Figaro«.
1.5. Uraufführung im Burgtheater.
18.10. Dritter Sohn wird geboren, stirbt schon im November.
Werke: »Der Schauspieldirektor«; Komödie mit Musik von Gottlieb Stephanie d. J.; »Le nozze di Figaro«, Opera buffa von Lorenzo da Ponte nach Beaumarchais; »Prager Sinfonie« D-Dur; Klavierkonzerte: A-Dur; c-Moll; C-Dur; Konzert für Horn und Orchester Es-Dur; Streichquartett D-Dur; Klavierquartett Es-Dur; Kammermusik; Klaviermusik; Kanons; Lieder.

1787 8.1. Mozart reist mit Constanze und fünf Begleitern nach Prag.
17.1. Mozart wohnt einer »Figaro«-Aufführung bei; er wird stürmisch gefeiert.
22.1. Mozart dirigiert den »Figaro«.
Anfang Februar: Auftrag für »Don Giovanni«; Heimreise.
28.5. Leopold Mozart † (* 1719).
3.9. Dr. Sigmund Barisani † (* 1758), Freund und Hausarzt Mozarts.
14.10. Festaufführung des »Figaro« unter Mozarts Leitung in Prag.
29.10. Uraufführung »Don Giovanni«.
7.12. Joseph II. ernennt Mozart zum »Kaiserlichen Kammer-Kompositeur« mit 800 Florin Jahresgehalt.
27.12. Viertes Kind wird geboren, stirbt ein Jahr darauf.
Werke: »Don Giovanni«, Dramma giocoso von Lorenzo da Ponte; »Ein musikalischer Spaß«; »Eine kleine Nachtmusik« G-Dur; Streichquintette: C-Dur; g-Moll; c-Moll; zahlreiche Lieder; Arien.

1788 7.5. Aufführung des »Don Giovanni« in Wien mit mäßigem Erfolg.
Juni/August: Mozart komponiert in zehn Wochen seine letzten drei Sinfonien; Geldsorgen.
Werke: Sinfonien: Es-Dur; g-Moll, C-Dur (»Jupiter-Sinfonie«); Klavierkonzert D-Dur; Tänze für Orchester; Klaviersonaten; Kammermusik; Lieder, Arien; Kanons.

1789 13.3. Erste deutschsprachige Aufführung von »Don Juan oder der steinerne Gast« in Mainz.
8.4. Reise mit dem Schüler und Gönner Fürst Lichnowsky nach Prag (10. 4.).
13.4. Konzert in Dresden.
15.4. Orgelwettstreit mit J.W. Hässler in der Dresdner Hofkirche.

22.4. Orgelimprovisation in der Leipziger Thomaskirche.
12.5. Konzert im Leipziger Gewandhaus.
19.5. Ankunft in Berlin, Besuch der »Entführung«.
26.5. Konzert am preußischen Hof.
28.5. Abreise über Dresden, Prag nach Wien (4. 6.); Schulden, Bettelbriefe.
Anfang August: Constanze zur Kur in Baden bei Wien.
16.11. Fünftes Kind kommt zur Welt (am selben Tag gestorben).
22. und 23.12. Konzerte der Tonkünstlersozietät, Aufführung des Klarinettenquintetts A-Dur.
Werke: Tänze für Orchester; Klarinettenquintett A-Dur; Streichquartett D-Dur; Arien.

1790 26.1. Uraufführung »Così fan tutte«, im Burgtheater.
23.9. Juni: Constanze zur Kur in Baden bei Wien.
Mozart reist auf eigene Kosten nach Frankfurt zur Kaiserkrönung.
15.10. Konzert in Frankfurt.
20.10. Konzert im kurfürstlichen Schloß in Mainz.
24.10. Erste deutschsprachige Aufführung des »Figaro« in Mannheim im Beisein Mozarts.
25.10. Abreise über Augsburg nach München.
4.11. (?) Akademie bei Hof.
14.12. Wien: Abschied von Haydn, der nach London reist.
Werke: »Così fan tutte«, Opera buffa von Lorenzo da Ponte; Streichquartette: B-Dur; F-Dur; Streichquintett D-Dur; Händel-Bearbeitungen (seit 1788).

1791 4. 3. Letztes öffentliches Auftreten Mozarts in Wien (Klavierkonzert B-Dur).
Mai: Beginn der Komposition der »Zauberflöte«.

9. 5. Mozart wird (unbesoldeter) Stellvertreter des Kapellmeisters am Stephansdom.
Juni/Juli: Constanze weilt in Baden zur Kur.
26. 7. Sechstes Kind Franz Xaver Wolfgang wird geboren, stirbt 1844 als Musiklehrer und Chorleiter in Karlsbad.
Juli: Ein Requiem wird anonym bestellt.
Mitte Juli: Beginn der Komposition »La clemenza di Tito«.
Ende August: Reise mit Constanze und Süßmayr nach Prag.
2. 9. Festaufführung des »Don Giovanni« in Anwesenheit Mozarts.
6. 9. Uraufführung »La clemenza di Tito«; mäßiger Erfolg.
Mitte September: Rückkehr nach Wien.
28. 9. Fertigstellung der »Zauberflöte«.
30. 9. Uraufführung »Zauberflöte«, in Schikaneders »Freihaustheater« auf der Wieden.
Oktober: Constanze in Baden zur Kur.
18. 11. Mozart dirigiert die Freimaurerkantate »Laut verkünde unsre Freude«, sein letztes vollendetes Werk, in der Loge »Zur neugekrönten Hoffnung«.
5. 12. Mozart stirbt nach kurzer Krankheit (widersprüchliche Diagnosen) in seiner Wohnung in der Rauhensteingasse.
6. 12. Beerdigung an unbekanntem Ort, angeblich auf dem Friedhof St. Marx.
Werke: »La clemenza di Tito«, Opera seria von Caterino Mazzolà nach Metastasio; »Die Zauberflöte«, Deutsche Oper von Emanuel Schikaneder und Karl Ludwig Gieseke; Tänze für Orchester; Klavierkonzert B-Dur; Klarinettenkonzert A-Dur; »Ein Orgel-Stück für eine Uhr« f-Moll; Streichquintett Es-Dur; Motette »Ave verum Corpus«; Freimaurerkantate »Laut verkünde unsre Freude«; Requiem (unvollendet).

Personen, von denen und an die Briefe geschrieben werden, und Personen, die in den Briefen vorkommen:

Wolfgang Amadeus Mozart (27.1.1756 bis 05.12.1791)
Leopold Mozart, der Vater (1719-1787)
Anna Maria Mozart, geb. Perte, die Mutter (1720-1778)
Maria Anna Mozart (genannt »Nannerl«), die Schwester (1751-1829)
Maria Anna Thekla Mozart (genannt »das Bäsle«) (1758-1841)
Lorenz Hagenauer, Freund und Hauswirt der Mozarts in Salzburg (1712-1792)

Nachweis

Sämtliche Briefe wurden der von der Internationalen Stiftung Mozarteum, Salzburg, herausgegebenen Gesamtausgabe entnommen (Mozart, Briefe und Aufzeichnungen, gesammelt und erläutert von Wilhelm A. Bauer, Otto Erich Deutsch und Joseph Heinz Eibel. Basel, Tours, London, Kassel: Verlag Bärenreiter, 1962-1971).

Zu dieser Ausgabe

insel taschenbuch 3323: Der vorliegende Text folgt der gebundenen Ausgabe: »Ich bin ein Musikus«. Mozart für Kinder. Ausgewählt und erklärt von Peter Härtling. Mit einem Opernführer für Kinder erzählt und gezeichnet von Hans Traxler. © Insel Verlag Frankfurt am Main und Leipzig 2005.

Inhalt